职业教育通识课程系列教材

建筑碳达峰碳中和概论

张娅玲　主　编
郭　平　副主编
刘新锋　主　审

中国建筑工业出版社

图书在版编目（CIP）数据

建筑碳达峰碳中和概论 / 张娅玲主编；郭平副主编
. — 北京：中国建筑工业出版社，2023.7
职业教育通识课程系列教材
ISBN 978-7-112-28787-1

Ⅰ．①建… Ⅱ．①张… ②郭… Ⅲ．①建筑工业－二
氧化碳－排污交易－中国－职业教育－教材 Ⅳ.
①F426.91

中国国家版本馆 CIP 数据核字（2023）第 099247 号

　　本教材根据教育部最新职业教育教学改革要求及职业需求，结合建筑行业低碳实施路径和典型案例编写。主要内容包括碳达峰、碳中和提出的背景，我国建筑行业碳排放现状，建筑行业低碳实施路径，建筑行业碳达峰和碳中和典型案例，未来智慧建筑共 5 章，每章均配有习题。

　　本教材知识体系完整，内容精练且通俗易懂，案例真实丰富，可以作为高等职业院校相关专业教材，也可供相关领域的工程技术人员参考。

　　为更好地支持相应课程的教学，我们向采用本书作为教材的教师提供教学课件，有需要者可与出版社联系，邮箱：jckj@cabp.com.cn，电话：(010)58337285，建工书院 http://edu.cabplink.com。

＊　　　＊　　　＊

责任编辑：高延伟　李　慧　吴越恺
责任校对：芦欣甜

职业教育通识课程系列教材
建筑碳达峰碳中和概论
张娅玲　主　编
郭　平　副主编
刘新锋　主　审
＊
中国建筑工业出版社出版、发行（北京海淀三里河路 9 号）
各地新华书店、建筑书店经销
北京红光制版公司制版
北京君升印刷有限公司印刷
＊
开本：787 毫米×1092 毫米　1/16　印张：8　字数：174 千字
2023 年 12 月第一版　　2023 年 12 月第一次印刷
定价：**35.00** 元（赠教师课件）
ISBN 978-7-112-28787-1
（41234）

前　言

全球气候变化因其影响范围越来越大，影响后果越来越严重，已经成为人类社会面临的重大挑战之一。中国作为全球碳排放大国，高度重视气候变化问题，积极参与国际对话。2020 年 9 月 22 日，中国国家主席习近平在第七十五届联合国大会一般性辩论上提出，"中国将提高国家自主贡献力度，采取更加有力的政策和措施，二氧化碳排放力争于2030 年前达到峰值，努力争取 2060 年前实现碳中和"，正式向世界递交了我国减排时间表，并大力推进"双碳"目标实现。

本教材基于以上背景，结合我国国情和建筑行业碳排放现状，介绍低碳实施路径，辅以低碳典型案例，并对未来建筑进行展望。本教材知识体系完整，内容精练且通俗易懂，案例真实丰富。教材主要内容包括：第 1 章介绍碳达峰、碳中和提出的背景，第 2 章介绍我国建筑行业碳排放现状，第 3 章介绍建筑行业低碳实施路径，第 4 章介绍建筑行业碳达峰和碳中和典型案例，第 5 章介绍未来智慧建筑。为了方便教学和学习，本教材每章均配有习题，供学习者练习。

本教材适合作为高等职业院校、中等职业院校土建类专业教学用书，也可作为相关从业人员学习、自学考试参考用书。本教材作为教材使用时，应将教学重点放在建筑行业低碳实施路径部分，帮助学生了解建筑行业如何实现低碳化。

本教材由张娅玲担任主编并进行统稿，郭平担任副主编，其中第 1 章由四川长江职业学院舒盼、龚长兰、尹凤霞编写，第 2 章由江苏城乡建设职业学院林改编写，第 3 章由江苏城乡建设职业学院张娅玲编写，第 4 章由浙江建设职业技术学院郭平编写，第 5 章由湖北城市建设职业技术学院胡瑜编写。住房和城乡建设部科技与产业化发展中心刘新锋任本教材主审，对教材全稿进行了认真仔细的审校，并提出宝贵修改意见。住房和城乡建设部科技与产业化发展中心陈伟、殷帅、戚仁广、纪博雅参与了教材审定。

本教材的编写还得到中国建筑节能协会双碳人才培育工作委员会的指导、支持，在此表示衷心感谢！

由于编写时间仓促，编者水平有限，书中难免有疏漏之处，敬请广大读者批评指正。

目　　录

1　碳达峰、碳中和提出的背景

教学目标

 **知识目标**

1. 了解国外应对气候变化的对策；
2. 熟悉碳达峰、碳中和的意义及政策；
3. 掌握碳达峰、碳中和的来源。

 **能力目标**

1. 能叙述气候变化的危机；
2. 知晓不同国际公约的区别；
3. 能叙述我国提出"双碳"目标的意义。

 **思政目标**

1. 培养学生的环保意识；
2. 激发学生的大国责任精神；
3. 培养学生的低碳生活意识。

1.1　气候变化危机

全球经济的快速发展离不开大量能源的消耗，但这同时也对人类的生态环境造成了严重破坏。随着时间的推移，生态环境的破坏会逐渐加深，而人们意识到环境问题的严重性时，已经无法再将其复原。生态环境的破坏不仅影响了人们的生活环境，还会对全球气候带来影响，导致南北极冰川融化、海平面上升等一系列问题。由于碳排放是温室效应的主要来源，为了控制温室效应的发生，人类需要从根本上控制碳排放的数量，推动发展清洁能源、可再生能源，并采取节能减排措施，鼓励低碳生产和生活方式。这是全球各国合作共同努力的重要任务，也是推动经济社会绿色转型的必然选择。

在世界发展史上，两次工业革命推动了世界经济的腾飞。然而，早期的工业革命阶段由于能源利用率低下和大量能源的粗放式开采，导致了生态环境的严重破坏。这些环境问题至今仍未得到有效解决。随着社会从轻工业结构转变成了重工业结构，煤和石油成为工业发展的主要能源，对环境造成了不利影响。而且，煤和石油等化石燃料不可再生，它们是自然界经过了上百万年演化才形成的资源，但在人类经济的飞速发展下迅速减少。化石燃料的形成速度远远低于化石燃料的消耗速度。为了减少由此带来的影响，各国正不断探索新型可再生资源，从而减少化石燃料的采用，降低不可再生资源的消耗。

1.1.1 气候变化概述

1. 气候变化定义

气候变化是指温度和天气模式的长期变化。这些变化可能由自然原因造成，例如太阳周期的变化。但是，自19世纪以来，人类活动一直是气候变化的主要原因，特别是由于煤炭、石油和天然气等化石燃料的燃烧所产生的温室气体排放。这些温室气体能够在大气中积聚并阻止热量的逸散，导致地球表面的温度上升。这种气候变化已经对全球的生态系统、人类健康和经济活动产生了广泛而深远的影响。因此，减少温室气体排放并寻找可持续的能源资源已经成为国际社会的紧急任务之一。

化石燃料燃烧会产生温室气体排放，这些气体就像包裹着地球的毯子，吸收太阳的热量并使温度不断升高。

知识链接

> 造成气候变化的温室气体有二氧化碳和甲烷。这些气体的来源包括汽车所用的汽油，或为室内供暖而燃烧的煤炭。开垦土地和森林也会释放二氧化碳。垃圾填埋场是甲烷排放的一个主要来源。能源、工业、交通、建筑、农业等产业和土地使用均是主要的排放源。

2. 历史上对气候变化的研究

随着人们对气候变化研究的深入，已经有越来越多的科学证据表明，气候变化是由人类活动导致的。气候变化是指长时间尺度上气候平均状态发生的巨大改变，其包括温度、降水、风向、风速等多种气候要素的变化。随着全球化进程的不断加速，化石能源的消耗和排放越来越多的温室气体导致了生态环境的破坏和气候变化的不断发生（图1-1）。因此，应该加强对气候变化的研究和应对，减少温室气体的排放，探索新型可再生能源，降低人类活动对环境的不良影响。

近年来，随着对气候变化的研究不断深入，科学家们对气候变化的成因出现了两种不同的观点：一种观点认为气候变化主要由人类行为所导致，人类对化石燃料的大量开采和燃烧导致了空气中二氧化碳排放的增加，形成温室效应，从而导致了地球温度的上升。这种观点被世界上绝大多数人所接受。而另一种观点认为气候变化是地球自然环境所导致的自我变化，具有自我调节作用，人类的行为对气候变化的影响微乎其微。

不论是哪种观点，自工业革命以来，大气层中的二氧化碳含量已经增加超过30%，其大幅变化的原因归咎于人类工业革命活动。根据科学观测，从19世纪60年代第二次工

图 1-1 工厂燃烧燃料造成大量空气污染

业革命以来，地球大气中的二氧化碳含量呈直线上升趋势，二氧化碳含量从 1000 年前的 0.28‰，上升至 2000 年前后的 0.36‰，升幅高达 28.6%。而据调查发现，从 1860 年到 2000 年这短短 140 年间，平均气温已上升接近 1℃。工业革命所带来的生态环境大幅改变，引起了人们对气候管理的重视，部分地区极端天气的发生已经严重影响了人们的生活。

1.1.2 造成气候变化的原因

化石燃料（主要包括煤炭、石油和天然气），是迄今为止造成全球气候变化的最主要原因，占全球温室气体排放的 75% 以上，占所有二氧化碳排放的近 90%。

温室气体围绕着地球运转，像被子一样包裹着地球，从而导致地面反射的太阳热量无法逸散，地球表面热量增加，致使全球变暖速度激增。气候变暖破坏了自然平衡，使得大量低温度条件下生存的动植物受到影响。给人类和地球上的其他生物带来了巨大的风险。

1. 温室气体与气候变化

温室气体极其频繁和广泛地影响了人类的生活，温室气体的增加导致了地球表面气候的变化，地球表面温度的升高导致两极冰川融化，海水升温膨胀，海平面上升，部分国家可使用陆地面积减少，许多沿海城市将面临由于海平面上升导致的可使用面积减少。某些地区也因此出现降雨量增加，飓风更为频繁，自然灾害加剧。20 世纪 60 年代末，非洲下撒哈拉牧区持续长达 6 年的干旱使得该地区粮食和牧草无法种植，牲畜被宰杀，饥饿导致的死亡人数超过了 150 万，这是温室效应给人类带来灾害的典型事例。

研究表明，从 19 世纪 60 年代到现在，地球气候变化所产生的能量绝大部分积蓄在海洋里，其中5%～10%由于冰的融化而消耗。热能先是被海洋吸收，逐步释放热量使大气变暖引起地球平均气温上升，地球接收到反射能量后，由于地球气候系统的非连续性，气候变动要滞后于气候变化的进程。因此当全球气候发生大幅度变化后，再对其进行干预将会变得十分困难，通常将这个全球气候大幅变化的临界点称为"不可逆转点"。为了防止"不可逆转点"的出现，需要控制温室效应的发生，温室效应会对人们的生活产生重大的影响：

（1）不同类型的极端天气增多

温室效应导致北半球冬季缩短，冬季内天气更为湿冷，夏季时间变长，变得更为干燥炎热（图1-2），气候更加反常，海洋风暴增多；全世界各地夏季气温普遍升高，冬季气温普遍降低，南北两极冰川融化速度加快，海平面上升导致龙卷风、海啸等气候时有发生。

图1-2　酷热的天气

（2）对全球水循环的影响

全球气温升高导致水分蒸发加速，降雨量逐年减少，全球各地区降水形态将会改变。全球变暖会影响整个水循环过程，增大蒸发量，改变区域降水量和降水分布格局，降水极端异常事件增多，导致洪涝、干旱灾害的频率和强度增加，地表径流也随之发生变化，随着径流减少和蒸发增强，全球变暖将加剧水资源的不稳定性与供需矛盾。

（3）生物生态系统变化，部分物种灭绝

不同动植物对生存环境的适应能力不同，当全球气候发生大幅变化的时候，一些对生存环境温度要求较高的物种将面临灭绝的风险。色彩斑斓的珊瑚礁在全球海水变暖的情况下，会出现大范围白化的情况，而白化会导致生活在这些珊瑚礁中的生物灭绝。全球变暖对生态系统的物种组成和生物多样性、生态系统功能和生态系统的结构都产生了影响。

（4）对人类健康的影响

气候变化所产生的极端高温天气，在未来将导致人类因心脏、呼吸系统为主的疾病患者及死亡人数增加，一些热带区域专有的病毒也因此扩散到了较为温和的地区。2002 年夏，西尼罗河病毒在美国再次暴发，西尼罗河病毒最早被发现是在 1937 年，研究者从一位热带乌干达西尼罗河地区的妇女身上分离出病毒，近年来却出现在欧洲和北美等温带区域，而且传播速度极快，病毒传播速度如此快的主要原因是干燥炎热的天气。当全球的气温正以缓慢的速度上升之时，适宜病毒类生物生长繁殖的环境时空范围也在扩大。

（5）社会矛盾加剧，环境难民问题不可避免

温室效应严重到一定程度，水资源冲突、环境难民、战争等一系列问题不可避免。世界银行的研究报告显示，即使海平面只小幅上升 1 m，也足以导致 5 600 万发展中国家人民沦为难民。升温 1～1.5℃，缺水人口增加 4 亿～11 亿；升温 3～4℃，缺水人口增加 11 亿～32 亿。

（6）对宏观经济的影响

全球有超过一半人口居住在沿海 100km 的范围以内，其中大部分居住在海港附近的城市区域。所以，当环境温度上升，海平面的显著上升将对沿海低洼地区及海岛造成严重的经济损害。例如，加速沿岸沙滩被海水的冲蚀、地下淡水被上升的海水推向更远的内陆地域。

2. 碳排放与气候变化异常

全球持续增加的碳排放将导致全球气候变暖、海平面上升及其他生态环境问题。例如，气候反常、干旱、沙漠化和病虫害等。因此，全球减少碳排放已经刻不容缓，需要世界各国共同行动。科学界预测，如果全球温度继续上升，到 2050 年将会导致南北极地冰山大幅度融化，海平面上升，威胁到包括纽约、上海、东京和悉尼等国际大城市的沿海城市以及几十个岛屿国家。这些国家面临着生死存亡的关切。因此，在全球气候变化的应对中，应该重视岛屿国家的关切，与其他国家一起关注气候变化的生态环境问题，采取行动保护地球。

1.1.3 气候变化引发的危机

1. 气候变化引起自然灾害

1990—2014 年间，全世界发生了 8000 多次与天气有关的灾害，洪水、飓风和流行病最为常见。这 8000 多次自然灾害发生在 228 个国家和地区，对于这些地区过去 25 年中与天气有关的自然灾害事件进行分析，可以了解其与每月天气特征之间的历史关系（图 1-3）。

从图 1-3 中数据可以发现，对于多数灾害来说，气温和降水是非常重要的预示指标。气温上升导致的干旱、野火、热浪、热带气旋和其他风暴导致的灾害会增加。降雨增多会减少干旱、野火和热浪造成的灾害，但会增加洪水、滑坡、热带气旋和其他风暴带来的灾害。

受天气影响

相对自身的土地面积而言，低收入发展中国家发生
的自然灾害更加频繁。

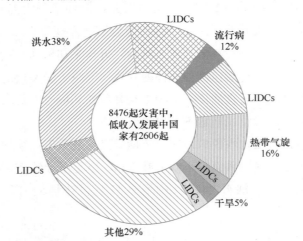

来源：国际灾害数据库(EM-DAT)和基金组织工作人员的计算。
注：不同图案表明不同的自然灾害类型，每种图案的较浅色表示低收入发展
中国家对应的部分，LIDCs表示低收入发展中国家。

图 1-3　天气影响引发的自然灾害

随着时间的推移，大多数各类型的天气相关灾害将变得更为常见，且该变化不受国家收入水平影响，温度上升造成的灾害的发生频率将显著上升。科学界预计，虽然在更暖和的环境下，热带气旋的总体发生频率会下降，但热带气旋形成的风暴会更剧烈，从而可能带来更多灾害。

2. 气候变化影响经济与金融

气候变化直接影响生态环境，作为一种负外部性因素，也会通过一系列传导渠道，影响经济和金融体系，极易带来金融体系系统性、结构性问题。

(1) 气候变化引发实体经济损失，影响经济增长目标

气候变化，特别是极端天气，直接给实体经济带来重大损失，造成经营成本急剧上升，甚至使企业面临破产压力。根据世界气象组织发布的《2020年气候服务状况报告》，在过去50年中，全球发生了11000多起与气候相关的自然灾害，导致200万人死亡，经济损失达3.6万亿美元。尽管记录显示，灾害死亡人数逐年下降，但经济损失却逐年上升。例如，2021年2月，美国得克萨斯州的寒潮导致该州最大的电力公司 Brazos Electric Co. 破产，造成1950亿美元的经济损失。2021年3月，澳大利亚悉尼遭受洪水袭击，根据澳大利亚保险委员会的不完全统计，经济损失超过6亿澳元。2021年5月，飓风"陶克泰"在印度西北海岸登陆，造成数十亿美元的直接经济损失。气候变化对实体经济的冲击具有突发性、破坏性，对经济长期稳定增长的目标带来越来越大的挑战。

(2) 气候变化引发资产负债表恶化，影响金融稳定

频繁的自然灾害使保险公司面临的索赔频率和金额远远超过预期，甚至出现了巨额保

险赔付。据统计，2020年，气候灾害使全球保险公司损失近760亿美元。预计在21世纪初期至中期，世界各地的极端寒冷、野火和暴雨引发的洪水导致保险索赔激增。2021年上半年，极端天气导致全球保险公司损失400亿美元，这是自2011年上半年日本和新西兰地震以来该时期最严重的保险损失，也是该时期有记录以来第二大损失。某保险公司警告称，尽管它没有预测2021年下半年的索赔情况，创纪录的损失已经迫在眉睫。未来20年，保险业将能够支撑自然灾害成本的上涨，但随着损失的增加，保费可能会进一步上涨。气候变化不仅使保险公司承保风险大大增加，还会导致保险产品越来越难以定价，保险公司的经营压力增大。

气候变化可能导致受影响地区抵押品的损坏或贬值。例如，洪水泛滥社区的房价大幅下跌，部分资产加速贬值；相关企业的业务中断会增加银行贷款的违约概率和违约损失。研究表明，飓风"桑迪"之后，银行收紧了受飓风影响企业的信贷标准，表现为收取更高的利率和要求更多的抵押品。市场参与者的行为也可能加强负面影响，加剧信贷紧缩。

1.2 国际应对气候变化的对策

1.2.1 国际公约

1.《联合国气候变化框架公约》签署

1992年5月，联合国政府间谈判委员会就气候问题达成《联合国气候变化框架公约》(United Nations Framework Convention on Climate Change，简称《框架公约》，英文缩写为UNFCCC)，并于1992年6月4日在巴西里约热内卢举行的联合国环境与发展大会（地球首脑会议）上通过。中国于1998年5月29日签署了公约协定书。公约将参加国分为三类：

（1）工业化国家

这些国家承诺要以1990年的排放量为基础进行削减，承担削减排放温室气体的义务。如果不能完成削减任务，需要从其他国家购买排放指标。

（2）发达国家

这些国家不承担具体削减义务，但承担为发展中国家提供资金、技术援助的义务。

（3）发展中国家

不承担削减义务，以免影响经济发展，可以接受发达国家的资金、技术援助，但不得出卖排放指标。

公约由序言及26条正文组成。这是一个有法律约束力的公约，旨在控制大气中CO_2、CH_4和其他造成温室效应的气体的排放，将温室气体的浓度稳定在使气候系统免遭破坏的水平上。

公约对发达国家和发展中国家所需履行的义务有所区分，发达国家虽然是温室气体的排放大户，但由于其经济发展水平较高，过高地限制温室气体排放将严重制约其经济水平。因此公约要求他们向发展中国家提供资金以支付他们履行公约义务所需的费用，并采取具体措施限制温室气体的排放。而发展中国家整体国家经济欠发达，若制约其温室气体的排放，将使其与发达国家的差距越来越大，因此只承担提供温室气体源与温室气体汇国家清单的义务，制订并执行关于温室气体源与温室气体汇措施方面的方案，不承担有法律约束力的限控义务。公约建立了一个向发展中国家提供资金和技术，使其能够履行公约义务的资金机制。《框架公约》规定每年举行一次缔约方大会（图1-4）。

图 1-4　联合国气候变化大会

（图片来源：新华网）

2.《京都议定书》

《京都议定书》（Kyoto Protocol），又称为《京都协议书》或《京都条约》，全称为《联合国气候变化框架公约的京都议定书》，是《联合国气候变化框架公约》的补充条款。《京都协定书》是1997年12月在日本京都举行的联合国气候变化框架公约国第3次会议上制定的，其目标是"将大气中的温室气体含量稳定在一个适当的水平，进而防止剧烈的气候改变对人类造成伤害"。

《京都议定书》的主要内容包括根据"共同但有区别的原则"，将世界上所有国家分为须减排的"附件一国家"（38个发达国家和转轨国家）和无须减排的国家（发展中国家）；明确2008—2012年所有"附件一国家" CO_2 等6种温室气体的排放量要比1990年减少5.2%，其中欧盟削减8%，美国削减7%，日本和加拿大各削减6%，东欧各国削减5%～8%，新西兰、俄罗斯和乌克兰可将排放量稳定在1990年水平，同一时期允许爱尔兰、澳大利亚、挪威的排放量比1990年分别增加10%、8%和1%。为了帮助这些国家降低减排成本以更有效实现上述目标，《京都议定书》在减排途径上提出三种灵活机制：清洁发展机制（CDM）、联合履约（JI）和排放贸易（ET）。《京都议定书》需要占1990年全球温室气体排放量 55％以上的至少 55 个国家和地区批准之后，才能成为具有法律约束力的国际公约。2001 年，时任美国总统布什在其第一任期就以《京都议定书》给美国经济发展带来过重负担为由宣布美国退出。后由于俄罗斯的加入，使《京都议定书》于 2005 年 2 月 16 日生效。截至 2007 年 12 月，共有 176 个缔约方批准、加入、接受或核准《京都议定书》。截至 2014 年联合国气候峰会，共有 195 个缔约方参与。

3. "巴厘岛路线图"

"巴厘岛路线图"是 2007 年 12 月 15 日在印度尼西亚巴厘岛举行《联合国气候变化框架公约》第十三次缔约方会议暨《京都议定书》缔约方第三次会议通过的，共有 13 项内容和 1 个附录。

"巴厘岛路线图"主要内容包括：①路线图指出气候变暖是不争的事实，拖延减少温室气体排放的行动只会增加气候变化影响加剧的危险；②路线图强调了国际合作，依照《联合国气候变化框架公约》原则，将考虑社会、经济条件及其他相关因素，缔约方的共同行动包括一个关于减排温室气体的全球长期目标，以实现《联合国气候变化框架公约》的最终目标；③路线图确定通过谈判达成减缓全球变暖新协议的框架，美国这个仍在《京都议定书》之外当时唯一的工业大国将被纳入新协议的框架之内；④路线图规定所有缔约的发达国家都要履行可测量、可报告、可核实的温室气体减排责任，尽管没有具体确定减排目标和具体哪些国家应当减排及减排的数量，但规定了到 2020 年将工业化国家的温室气体排放量在 1990 年的水平上降低 25％～40％的目标和到 2050 年实现全球排放量减少50％的目标；⑤规定发展中国家也要采取可测量、可报告和可核实的行动，来减少温室气体的排放，但不设定具体目标，发达国家有义务向发展中国家提供在适应气候变化、技术开发和转让、资金支持问题等方面的帮助；⑥包括为减少发展中国家的毁林和森林退化提供可能的财政支持，毁林与森林退化问题将最终被纳入法律的框架之中；⑦规定谈判将于 2009 年年底在哥本哈根结束，协议在 2012 年年底生效，以接替《京都议定书》。

"巴厘岛路线图"是人类应对气候变化历史中的一座新里程碑，确定了加强落实《联合国气候变化框架公约》的领域，为进一步落实《联合国气候变化框架公约》指明了方向。

4.《巴黎协定》

《巴黎协定》是 2015 年 12 月 12 日在巴黎气候变化大会上通过，2016 年 4 月 22 日在纽约联合国总部签署，2016 年 11 月 4 日正式生效，共 29 项条款，包括目标、减缓、适应、损失损害、资金、技术、能力建设、透明度、全球盘点等内容。《巴黎协定》坚持公平、共同但有区别的责任原则、各自能力原则。

《巴黎协定》的目标是将全球平均气温升幅较工业化前水平控制在显著低于 2℃的水平，并向升温较工业化前水平控制在 1.5℃努力；在不威胁粮食生产的情况下，增强适应气候变化负面影响的能力，促进气候恢复力和温室气体低排放的发展；使资金流动与温室气体低排放和气候恢复力的发展相适应。

全球碳排放量控制目标包括到 2030 年将全球碳排放量控制在 400 亿吨以内，并于 2080 年实现净零排放，21 世纪下半叶实现温室气体净零排放。各国将以"自主贡献"的方式参与全球应对气候变化行动。发达国家应继续提出全经济范围绝对量减排目标，并鼓励发展中国家根据自身国情逐步向全经济范围绝对量减排或限排目标迈进。发达国家应加强对发展中国家的资金、技术和能力建设支持，以帮助其减缓和适应气候变化。同时，建立"强化"的透明度框架，重申遵循非侵入性、非惩罚性的原则，并为发展中国家提供灵活性。从 2023 年开始，每 5 年将对全球行动总体进展进行一次盘点，以帮助各国提高力度、加强国际合作，实现全球应对气候变化长期目标。

到 2017 年 11 月，共有 197 个《联合国气候变化框架公约》缔约方签署了《巴黎协定》，这些缔约方的温室气体排放量占全球温室气体排放量的比例接近 100%。《巴黎协定》将全球气候治理的理念进一步确定为低碳绿色发展，把国际气候谈判的模式从自上而下转变为自下而上，奠定了世界各国广泛参与减排的基本格局，成为《联合国气候变化框架公约》下继《京都议定书》后第二个具有法律约束力的协定，在国际社会应对气候变化进程中向前迈出了关键一步。《巴黎协定》的达成为解决气候危机打下了基础，是全球气候治理进程的里程碑，标志着解决全人类面临的气候问题开始进入全球合作的新时代。

1.2.2 全球治理气候变化的不同

受国际公约影响，不同国家在国际公约中所处地位不同，因此可以采取不同的节能减排方式。

1. 寻找替代能源，减少高碳能源消耗

能源是气候挑战的核心，也是解决问题的关键。化石燃料的燃烧产生了大量的温室气体，覆盖在地球的表面，吸收太阳能量。化石燃料（例如煤炭、石油和天然气）是迄今为止全球气候变化最大的促成因素，占全球温室气体排放量的 75% 以上，占所有二氧化碳排放量的近 90%。

为了避免气候变化的最坏影响，需要到 21 世纪中叶将排放量减少近一半，到 21 世纪下半叶达到净零排放。为了实现这一目标，世界各国需要减少对化石燃料的依赖，逐步采用清洁的替代能源。自然界存在可再生能源，由太阳、风、水和地球的热量提供，通过大自然补充，几乎不向空气中排放温室气体或污染物。虽然目前化石燃料仍占全球能源生产的 80% 以上，但清洁能源的占有率仍在提升，目前约 29% 的电力来自可再生能源。

2. 积极节能减排，提高固碳生产效率

加快形成绿色生产生活方式。大力推动节能减排，全面推进清洁生产，加快发展循环经济，加强资源综合利用，不断提升绿色低碳发展水平。扩大绿色低碳产品供给和消费，倡导绿色低碳生活方式。把绿色低碳发展纳入国民教育体系，开展绿色低碳社会行动示范创建。凝聚全社会共识，加快形成全民参与的良好格局。推动产业结构优化升级，加快推进农业绿色发展，促进农业固碳增效。

3.消减被动减排，置换低碳排放指标

加强节能减排，实现低碳发展，是生态文明建设的重要内容，是促进经济提质增效升级的必由之路。建立碳排放权、节能量和排污权交易制度，推进碳排放权交易试点，世界各国建立碳排放权交易市场，实现世界范围内的碳排放指标交易，推动世界范围内的减排实现。

1.2.3　气候变化损害在全球地理上不均衡

2022年，英国卫报（The Guardian）报道，美国温室气体排放产生的影响已给其他国家造成超过1.9万亿美元的损失。研究还发现气候变化对各国的影响呈现一幅不均衡的图景，一些地区的富裕国家，经济上未受到严重损害；相反，一些热带等地区的较贫穷国家，对其他国家伤害最小，却遭受着气候变化带来的严重经济冲击。

该研究发现，美国作为历史上最大的温室气体排放国，其排放的大量温室气体给其他国家（尤其是较贫穷国家）造成了巨大伤害，例如热浪、农作物歉收等。自1990年以来，美国要为全球收入损失承担1.91万亿美元的责任。

达特茅斯的研究人员研究了许多国家在1990—2014年间碳排放、当地气候变化以及该国经济变化之间的联系模型。从而确定了不同国家面对减少碳排放时，气候以及经济的局部改变。

1.2.4　全球各国减排成本存在差异

排放差距也被称为"减排承诺差距"。它衡量了为应对气候变化，全球需要实现的减排量与各国正在实施的减排努力之间的差距，体现了各国需实现的碳排放水平与各国根据《巴黎协定》承诺预期达到的碳排放水平之间的差异。

二十国集团成员国的碳排放量合计占据了全球总排放量的78％。但其中七个国家尚未出台相关政策或战略来兑现它们的《巴黎协定》减排承诺。过去10年中，排名前四位的碳排放实体（美国、中国、欧盟和印度）贡献了全球碳排放总量的55％以上，这不包括毁林等因土地用途改变而导致的碳排放量。如果将后者计算在内，排名会有所改变，巴西可能会成为最大的碳排放国。碳排放量首位为能源部门及化石燃料排放，工业占第二位，其次是林业、运输业、农业和建筑业。

1.3　我国"碳达峰、碳中和"目标的提出

为了推动我国低碳绿色发展，应对全球气候变化，2020年9月22日，中国国家主席习近平在第七十五届联合国大会一般性辩论上提出"中国将提高国家自主贡献力度，采取更加有力的政策和措施，二氧化碳排放力争于2030年前达到峰值，努力争取2060年前实现碳中和"，正式向世界递交了我国减排的时间表。

作为应对气候变化的国家战略，党的二十大报告中提出积极稳妥推进碳达峰碳中和。实现碳达峰碳中和是一场广泛而深刻的经济社会系统性变革，立足我国能源资源禀赋，坚

持先立后破，有计划分步骤实施碳达峰行动。完善能源消耗总量和强度调控，重点控制化石能源消费，逐步转向碳排放总量和强度"双控"制度。推动能源清洁低碳高效利用，推进工业、建筑、交通等领域清洁低碳转型。深入推进能源革命，加强煤炭清洁高效利用，加大油气资源勘探开发和增储上产力度，加快规划建设新型能源体系，统筹水电开发和生态保护，积极安全有序发展核电，加强能源产供储销体系建设，确保能源安全。完善碳排放统计核算制度，健全碳排放权市场交易制度。提升生态系统碳汇能力。积极参与应对气候变化全球治理。

党的二十大报告是贯穿中国特色社会主义发展方向的重要组成部分。中国政府在应对全球气候变化的过程中，明确提出了要坚决控制温室气体排放、推动绿色低碳发展的战略方针，以实现可持续发展的目标。

为此，中国政府将加快推进能源转型，优化能源结构，大力发展清洁能源和可再生能源。此外，政府将大力推动节能减排，鼓励低碳生产和生活方式，强化对高能耗、高污染行业的治理和管控，推动传统能源向低碳、清洁方向转型。这些举措旨在实现碳达峰、碳中和等重要目标，促进经济社会的绿色发展。彰显了中国政府推进可持续发展、建设生态文明的坚定决心。在发展方向上，中国政府提出了高质量发展、构建新发展格局、全体人民共同富裕、推动绿色低碳发展等目标，不断推进中国特色社会主义事业。

1.3.1 碳达峰、碳中和的含义

1. 碳达峰

碳达峰是指全球、国家、城市、企业等主体的碳排放在由升转降的过程中，碳排放的最高点即碳峰值。大多数发达国家已经实现碳达峰，碳排放进入下降通道。我国目前碳排放虽然比 2000—2010 年的快速增长期增速放缓，但仍呈增长态势，尚未达峰。

根据 2018 年联合国政府间气候变化专门委员会（IPCC）"1.5℃特别报告"的主要结论，要实现《巴黎协定》下的 2℃目标，要求全球在 2030 年比 2010 年减排 25%，在 2070 年左右实现碳中和；而实现 1.5℃目标，则要求全球在 2030 年比 2010 年减排 45%，在 2050 年左右实现碳中和。无论如何，全球碳排放都应在 2020—2030 年尽早达峰。

2015 年巴黎会议前夕，中国承诺 2030 年左右实现碳达峰，到 2020 年单位国内生产总值二氧化碳排放比 2005 年下降 40%～45%，非化石能源占一次能源消费比重达到 15% 左右，森林面积比 2005 年增加 4000 万公顷，森林蓄积量比 2005 年增加 13 亿立方米。2020 年 12 月 12 日，中国国家主席习近平在气候雄心峰会上进一步提出了中国国家自主贡献新举措，到 2030 年单位国内生产总值二氧化碳排放将比 2005 年下降 65% 以上，非化石能源占一次能源消费比重将达到 25% 左右，森林蓄积量将比 2005 年增加 60 亿立方米，风电、太阳能发电总装机容量将达到 12 亿千瓦以上。

为落实"双碳"目标，2020 年 12 月 18 日，中央经济工作会议将"做好碳达峰、碳中和工作"作为 2021 年八大重点任务之一进行了部署。随后，各部门如生态环境部、国家能源局、工业和信息化部、国家发展和改革委员会、中国人民银行等就推动碳达峰、碳

中和工作密集发声。碳达峰、碳中和目标成为全社会热议的新话题。

2. 碳中和

碳中和是指人为排放源与通过植树造林、碳捕集与封存（CCS）技术等人为吸收汇达到平衡。碳中和目标可以设定在全球、国家、城市、企业活动等不同层面，狭义指二氧化碳排放，广义也可指所有温室气体排放。对于二氧化碳，碳中和与净零碳排放概念基本可以通用，但对于非二氧化碳类温室气体，情况比较复杂。由于甲烷是短寿命的温室气体，只要排放稳定，不需要零排放，长期来看也不会对气候系统造成影响。

根据2020年12月全球碳项目（Global Carbon Project，GCP）发布的《2020年全球碳预算》报告估计，陆地和海洋大约吸收了全球54%的碳排放，那么是否全球减排一半就可以实现碳中和了呢？答案是否定的。需要特别强调的是，碳中和目标的吸收汇只包括通过植树造林、森林管理等人为活动增加的碳汇，而不是自然碳汇，也不是碳汇的存量。海洋吸收二氧化碳造成海洋的不断酸化，对海洋生态系统造成不利影响。陆地生态系统自然吸收的二氧化碳是碳中性的，并非永久碳汇。如森林生长期吸收碳，成熟期吸收能力下降，死亡腐烂后二氧化碳重新排放到空气中。一场森林大火还可能将森林储存的碳变为二氧化碳快速释放。因此，人为排放到大气中的二氧化碳必须通过人为增加的碳吸收汇清除，才能达到碳中和。

2018年5月18日，习近平总书记在全国生态环境保护大会上强调，要通过加快构建生态文明体系，确保到2035年，生态环境质量实现根本好转，美丽中国目标基本实现；到本世纪中叶，物质文明、政治文明、精神文明、社会文明、生态文明全面提升，绿色发展方式和生活方式全面形成，人与自然和谐共生，生态环境领域国家治理体系和治理能力现代化全面实现，建成美丽中国。碳达峰、碳中和目标之间密切联系，是一个目标的两个阶段。第一阶段，2030年前碳排放达峰，与2035年我国现代化建设第一阶段目标和美丽中国建设第一阶段目标相吻合，是中国2035年基本实现现代化的一个重要标志。第二阶段，2060年前实现碳中和目标，与《巴黎协定》提出的全球平均温升控制在工业革命前的2℃以内并努力控制在1.5℃以内的目标相一致，与中国在21世纪中叶建成社会主义现代化强国和美丽中国的目标相契合，实现碳中和是建成现代化强国的一个重要内容。

碳达峰是具体的近期目标，碳中和是中长期的愿景目标，二者相辅相成。尽早实现碳达峰，努力"削峰"，可以为后续碳中和目标留下更大的空间和灵活性。而碳达峰时间越晚，峰值越高，则后续实现碳中和目标挑战和压力越大。如果说碳达峰需要在现有政策基础上再加一把劲儿，那么实现碳中和目标，仅在现有技术和政策体系下努力就远远不够，需要社会经济体系的全面深刻转型。

1.3.2 "碳达峰、碳中和"目标实现路径及挑战

我国应坚持走绿色低碳发展道路，以积极应对气候变化（图1-5）。此次"双碳"目标的提出标志着我国将进一步加大碳减排力度，在2021年全面开启我国实现碳中和的新征程。

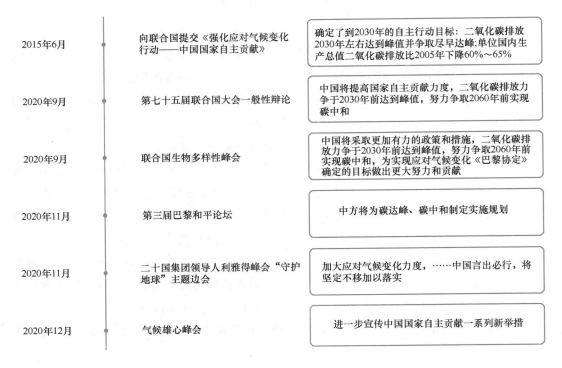

2015年6月	向联合国提交《强化应对气候变化行动——中国国家自主贡献》	确定了到2030年的自主行动目标：二氧化碳排放2030年左右达到峰值并争取尽早达峰；单位国内生产总值二氧化碳排放比2005年下降60%～65%
2020年9月	第七十五届联合国大会一般性辩论	中国将提高国家自主贡献力度，二氧化碳排放力争于2030年前达到峰值，努力争取2060年前实现碳中和
2020年9月	联合国生物多样性峰会	中国将采取更加有力的政策和措施，二氧化碳排放力争于2030年前达到峰值，努力争取2060年前实现碳中和，为实现应对气候变化《巴黎协定》确定的目标做出更大努力和贡献
2020年11月	第三届巴黎和平论坛	中方将为碳达峰、碳中和制定实施规划
2020年11月	二十国集团领导人利雅得峰会"守护地球"主题边会	加大应对气候变化力度，……中国言出必行，将坚定不移加以落实
2020年12月	气候雄心峰会	进一步宣传中国国家自主贡献一系列新举措

图 1-5 我国应对气候变化实施路径

1.3.3 "碳达峰、碳中和"相关政策文件

2021 年 10 月，中国正式提出《中国落实国家自主贡献成效和新目标新举措》和《中国本世纪中叶长期温室气体低排放发展战略》。这是中国履行《巴黎协定》的具体举措，体现了中国推动绿色低碳发展、积极应对全球气候变化的决心和努力。

提出落实国家自主贡献的新目标新举措。中国提出了新的国家自主贡献目标是"二氧化碳排放力争于 2030 年前达到峰值，努力争取 2060 年前实现碳中和。到 2030 年，中国单位国内生产总值二氧化碳排放将比 2005 年下降 65% 以上，非化石能源占一次能源消费比重将达到 25% 左右，森林蓄积量将比 2005 年增加 60 亿立方米，风电、太阳能发电总装机容量将达到 12 亿千瓦以上"。为推动此目标实现，从统筹有序推进碳达峰碳中和、主动适应气候变化、强化支撑保障体系等三大方面提出了 20 余项落实新目标的重要政策和举措。

制定长期温室气体低排放发展战略。中国面向 2060 年前实现碳中和提出本世纪中叶长期温室气体低排放发展的基本方针、战略愿景和技术路径，部署经济、能源、工业、城乡建设、交通运输等十个方面的战略重点。到 2060 年，全面建立清洁低碳安全高效的能源体系，能源利用效率达到国际先进水平，非化石能源消费比重达到 80% 以上。

2021 年 10 月，《中共中央 国务院关于完整准确全面贯彻新发展理念做好碳达峰碳中和工作的意见》提出实现碳达峰、碳中和，是以习近平同志为核心的党中央统筹国内国际两个大局做出的重大战略决策，是着力解决资源环境约束突出问题、实现中华民族永续发展的必然选择，是构建人类命运共同体的庄严承诺。

到2025年，绿色低碳循环发展的经济体系初步形成，重点行业能源利用效率大幅提升。单位国内生产总值能耗比2020年下降13.5%；单位国内生产总值二氧化碳排放比2020年下降18%；非化石能源消费比重达到20%左右；森林覆盖率达到24.1%，森林蓄积量达到180亿立方米，为实现碳达峰、碳中和奠定坚实基础。

到2030年，经济社会发展全面绿色转型取得显著成效，重点耗能行业能源利用效率达到国际先进水平。单位国内生产总值能耗大幅下降；单位国内生产总值二氧化碳排放比2005年下降65%以上；非化石能源消费比重达到25%左右，风电、太阳能发电总装机容量达到12亿千瓦以上；森林覆盖率达到25%左右，森林蓄积量达到190亿立方米，二氧化碳排放量达到峰值并实现稳中有降。

到2060年，绿色低碳循环发展的经济体系和清洁低碳安全高效的能源体系全面建立，能源利用效率达到国际先进水平，非化石能源消费比重达到80%以上，碳中和目标顺利实现，生态文明建设取得丰硕成果，开创人与自然和谐共生新境界。

2021年10月24日，《国务院关于印发2030年前碳达峰行动方案的通知》（国发〔2021〕23号）（下简称《行动方案》）正式发布。《行动方案》聚焦"十四五"和"十五五"两个碳达峰关键期，提出了提高非化石能源消费比重、提升能源利用效率、降低二氧化碳排放水平等方面主要目标。例如，到2025年，非化石能源消费比重达到20%左右，单位国内生产总值能源消耗比2020年下降13.5%，单位国内生产总值二氧化碳排放比2020年下降18%，为实现碳达峰奠定坚实基础。到2030年，非化石能源消费比重达到25%左右，单位国内生产总值二氧化碳排放比2005年下降65%以上，顺利实现2030年前碳达峰目标。

《行动方案》提出，将碳达峰贯穿于经济社会发展全过程和各方面，重点实施"碳达峰十大行动"：①能源绿色低碳转型行动；②节能降碳增效行动；③工业领域碳达峰行动；④城乡建设碳达峰行动；⑤交通运输绿色低碳行动；⑥循环经济助力降碳行动；⑦绿色低碳科技创新行动；⑧碳汇能力巩固提升行动；⑨绿色低碳全民行动；⑩各地区梯次有序碳达峰行动。

《行动方案》是碳达峰阶段的总体部署，在目标、原则、方向等方面与《中共中央 国务院关于完整准确全面贯彻新发展理念做好碳达峰碳中和工作的意见》保持有机衔接的同时，更加聚焦2030年前碳达峰目标，相关指标和任务更加细化、实化、具体化。

2022年01月24日，《国务院关于印发"十四五"节能减排综合工作方案的通知》（国发〔2021〕33号）正式发布（下简称《综合工作方案》）。

《综合工作方案》提出到2025年，全国单位国内生产总值能源消耗比2020年下降13.5%，能源消费总量得到合理控制，化学需氧量、氨氮、氮氧化物、挥发性有机物排放总量比2020年分别下降8%、8%、10%以上、10%以上。节能减排政策机制更加健全，重点行业能源利用效率和主要污染物排放控制水平基本达到国际先进水平，经济社会发展绿色转型取得显著成效。

《综合工作方案》面向碳达峰碳中和目标愿景，坚持系统观念，突出问题导向，聚焦重点行业领域和关键环节，部署开展节能减排十大重点工程：①重点行业绿色升级工程；②园区节能环保提升工程；③城镇绿色节能改造工程；④交通物流节能减排工程；⑤农业农村节能减排工程；⑥公共机构能效提升工程；⑦重点区域污染物减排工程；⑧煤炭清洁高效利用工程；⑨挥发性有机物综合整治工程；⑩环境基础设施水平提升工程。

《综合工作方案》从八个方面健全节能减排政策机制：①优化完善能耗双控制度；②健全污染物排放总量控制制度；③坚决遏制高耗能高排放项目盲目发展；④健全法规标准；⑤完善经济政策；⑥完善市场化机制；⑦加强统计监测能力建设；⑧壮大节能减排人才队伍。

本 章 小 结

本章讲述了气候变化的原因及气候变化对人类环境的影响；各国应对气候变化的对策；"双碳"目标的内涵；我国实现"双碳"目标面临的挑战。要求学生熟悉"双碳"目标的意义，具备大国担当的责任意识，养成低碳环保的生活习惯。

本 章 习 题

一、单项选择题

1. 应对气候变化的国际公约主要有（　　）。

A.《联合国气候变化框架公约》　　　　B.《巴厘岛协定》

C.《京都协定》　　　　D.《巴黎议定书》

2. 我国提出"2030年前达到峰值，2060年前实现碳中和"的"双碳"目标的时间是（　　）。

A. 2020年9月11日　　　　B. 2022年9月22日

C. 2020年9月22日　　　　D. 2022年9月11日

3. 最高管理者应对支持和持续改进能源管理体系做出承诺，并通过以下活动予以落实。以下哪项不属于承诺范围？（　　）

A. 在内部传达能源管理的重要性

B. 确立能源方针，确保建立能源目标、指标

C. 提供能源管理体系所需的适宜资源

D. 组织制定能源规划

4. 通过能源管理体系的建立和运行，可以使组织（　　）。

A. 提高能源利用效率　　　　B. 降低能源消耗

C. 减少温室气体排放　　　　D. 以上都是

二、简答题

1. 如果世界各国继续保持碳排放现状，不加以控制，可能会产生什么影响？

2. 发展中国家与发达国家在碳排放问题上的责任有何不同？

2 我国建筑行业碳排放现状

教 学 目 标

1. 了解建筑全寿命周期；
2. 熟悉建筑行业碳排放现状；
3. 掌握建筑碳排放分类。

1. 能看懂中国建筑行业碳排放年度报告；
2. 能查阅中国建筑行业碳排放数据；
3. 能分析建筑建造及运行阶段减碳策略。

1. 培养学生大国担当精神；
2. 培养学生低碳生活方式；
3. 培养学生勇于挑战精神。

2.1 我国建筑行业碳排放概况

建筑部门、工业部门和交通部门一起被称作我国能源消耗的"三大猛虎"，也是温室气体排放的重要来源。其中，建筑行业碳排放占比较高、增长趋势明显且增速加快，而其又具有较强的减排潜力及较低的减排成本。因此，对建筑全寿命周期碳排放合理控制，实现建筑部门碳减排是助推我国"双碳"目标实现的重要突破口。

2.1.1 碳计算

1. 家庭碳排放计算

（1）日常生活碳排放

我们的日常生活也是碳排放的重要排放源，从消费侧角度考虑，全球约 2/3 的碳排放都与家庭排放有关。2020 年全球二氧化碳总计排放量为 322.84 亿吨，人均约 4.26t。据测算，要实现碳中和，到 2030 年需要将人均消费侧的碳排放控制在 2～2.5t 二氧化碳当量，到 2050 年进一步减少到 0.7t。表 2-1 展示了日常生活中的碳排放量。

日常生活中的碳排放量　　　　　　　　　　　　　　　　　　　表 2-1

人员活动		二氧化碳排放量
家庭用电		每度电，排放 0.785kg
家用天然气		每用 $1m^3$ 燃气，排放 0.19kg
家用自来水		每 1t 水，排放 0.91kg
食用肉制品		每 1kg 肉，排放 1.4kg
生活用品		1 个塑料袋，0.1g；1 张 A4 纸，5g
交通出行	私家车	每 1L 油耗，产生 2.7kg
	公共交通	公里数×0.036kg
	短途飞行（200km 以内）	公里数×0.275kg
	中途飞行（200～1000km）	55+0.105×（公里数-200）kg
	长途飞行（超过 1000km）	公里数×0.139kg

（2）低碳生活实践

碳达峰与碳中和的实现，离不开亿万消费者的共同努力（表 2-2）。

公众低碳实践　　　　　　　　　　　　　　　　　　　　　　　表 2-2

低碳实践领域	具体低碳行为
服装	（1）尽量不买、不穿皮草及一切动物皮毛服装； （2）选择环保面料的衣服并减少服装的购买； （3）旧衣捐赠、回收，或做成环保布袋； （4）减少机洗、选择手洗，衣服少烘干，多晒干
饮食	（1）购买本地、季节性食品，减少食物加工过程； （2）买菜用自备菜篮子或布袋，少用一次性塑料袋； （3）践行"光盘"行动； （4）不使用一次性餐具，减少外卖次数
居住	（1）居住面积不必求大，理智选择合适户型； （2）选用环保装饰材料，少选红木和真皮家具； （3）少坐电梯，多爬楼梯
出行	（1）选择小排量或新能源汽车； （2）多乘坐公共交通工具，短距离步行或骑自行车代步
生活习惯	（1）生活用水循环利用，使用节能电器； （2）纸张双面打印，推进无纸化办公； （3）煮饭前将米浸泡 30min 再用热水煮，可节电 30%； （4）电器用完随手关闭电源，杜绝电器长时间待机状态

2. 建筑碳排放计算

我国建筑领域的碳排放量占全国碳排放总量的 40%，作为我国经济发展的支柱产业，建筑领域的碳中和意义深远。

（1）建筑碳排放计算相关术语及一般规定

1）建筑碳排放计算相关术语

① 建筑碳排放：是指建筑物在与其有关的建材生产及运输、建造及拆除、运行阶段产生的温室气体排放的总和，以二氧化碳当量表示。

② 碳排放因子：将能源与材料消耗量与二氧化碳排放相对应的系数，用于量化建筑物不同阶段相关活动的碳排放。常用能源碳排放因子见表 2-3。

常用能源碳排放因子 表 2-3

能源种类	能源名称	碳排放因子	数据来源	备注
燃煤	无烟煤	$98.3kgCO_2/GJ$	《IPCC 国家温室气体清单指南》（2019 年修订版）	国际组织
	炼焦煤	$94.6kgCO_2/GJ$		
	褐煤	$101kgCO_2/GJ$		
	焦炭	$107kgCO_2/GJ$		
电力	华北区域电网	$1.246kgCO_2/(kWh)$	《省级温室气体清单编制指南（试行）》（国家发展和改革委员会发布）	我国政府部门
	东北区域电网	$1.096kgCO_2/(kWh)$		
	华东区域电网	$0.928kgCO_2/(kWh)$		
	华中区域电网	$0.801kgCO_2/(kWh)$		
	西北区域电网	$0.997kgCO_2/(kWh)$		
	南方区域电网	$0.714kgCO_2/(kWh)$		
	海南	$0.917kgCO_2/(kWh)$		
燃油	原油	$73.3kgCO_2/GJ$	《IPCC 国家温室气体清单指南》（2019 年修订版）	国际组织
	车用汽油	$69.3kgCO_2/GJ$		
	航空汽油	$70.0kgCO_2/GJ$		
	煤油	$71.5kgCO_2/GJ$		
	柴油	$74.1kgCO_2/GJ$		
	液化石油气	$63.1kgCO_2/GJ$		
	燃料油	$77.4kgCO_2/GJ$		
燃气	天然气	$56.1kgCO_2/GJ$		
	煤气	$44.4kgCO_2/GJ$		

③ 建筑碳汇：在划定的建筑物项目范围内，绿化、植被从空气中吸收并存储的二氧化碳量。

2）建筑碳排放计算的一般规定

① 建筑物碳排放计算应以单栋建筑或建筑群为计算对象；碳排放计算应根据不同需求按阶段进行计算，并可将分段计算结果累计为建筑全生命期碳排放。

　　② 碳排放计算中采用的建筑设计寿命应与设计文件一致，当设计文件不能提供时，应按 50 年计算。

　　③ 建筑物碳排放的计算范围应为建设工程规划许可证范围内能源消耗产生的碳排放量和可再生能源及碳汇系统的减碳量。

　　（2）建筑全生命周期碳排放计算

　　1）建筑运行阶段碳排放

　　建筑运行阶段碳排放计算范围应包括暖通空调、生活热水、照明及电梯、可再生能源、建筑碳汇系统在建筑运行期间的碳排放量。

　　建筑运行阶段单位建筑面积的总碳排放量（C_M）应按下列公式计算：

$$C_M = \frac{\left[\sum_{i=1}^{n}(E_i EF_i) - C_p\right]y}{A}$$

$$E_i = \sum_{j=1}^{n}(E_{i,j} - ER_{i,j})$$

式中　C_M——建筑运行阶段单位建筑面积碳排放量（$kgCO_2/m^2$）；

　　　　E_i——建筑第 i 类能源年消耗量（单位/a）；

　　　EF_i——第 i 类能源的碳排放因子；

　　　$E_{i,j}$——j 类系统的第 i 类能源消耗量（单位/a）；

　$ER_{i,j}$——j 类系统消耗由可再生能源系统提供的第 i 类能源量（单位/a）；

　　　　i——建筑消耗终端能源类型，包括电力、燃气、石油、市政热力等；

　　　　j——建筑用能系统类型，包括供暖空调、照明、生活热水系统等；

　　　C_p——建筑绿地碳汇系统年减碳量（$kgCO_2/a$）；

　　　　y——建筑设计寿命（a）；

　　　　A——建筑面积（m^2）。

　　2）建筑建造及拆除阶段碳排放

　　建筑建造阶段的碳排放应包括完成各分部分项工程施工产生的碳排放和各项措施项目实施过程产生的碳排放；建筑拆除阶段的碳排放应包括人工拆除和使用小型机具机械拆除使用的机械设备消耗的各种能源动力产生的碳排放。

　　① 建筑建造阶段的碳排放量应按下式计算：

$$C_{JZ} = \frac{\sum_{i=1}^{n}E_{jz,i}EF_i}{A}$$

式中　C_{JZ}——建筑建造阶段单位建筑面积的碳排放量（$kgCO_2/m^2$）；

　　$E_{jz,i}$——建筑建造阶段第 i 种能源总用量（kWh 或 kg）；

　　　EF_i——第 i 类能源的碳排放因子（$kgCO_2/kWh$ 或 $kgCO_2/kg$）；

A——建筑面积（m^2）。

② 建筑拆除阶段的单位建筑面积的碳排放量应按下式计算：

$$C_{CC} = \frac{\sum_{i=1}^{n} E_{cc,i} EF_i}{A}$$

式中　C_{CC}——建筑拆除阶段单位建筑面积的碳排放量（$kgCO_2/m^2$）；

$E_{cc,i}$——建筑拆除阶段第 i 种能源总用量（kWh 或 kg）；

EF_i——第 i 类能源的碳排放因子（$kgCO_2/kWh$）；

A——建筑面积（m^2）。

3）建材生产及运输阶段碳排放

建材生产及运输阶段的碳排放应为建材生产阶段碳排放与建材运输阶段碳排放之和，并应按下式计算：

$$C_{JC} = \frac{C_{sc} + C_{ys}}{A}$$

式中　C_{JC}——建材生产及运输阶段单位建筑面积的碳排放量（$kgCO_2e/m^2$）；

C_{sc}——建材生产阶段碳排放（$kgCO_2e$）；

C_{ys}——建材运输过程碳排放（$kgCO_2e$）；

A——建筑面积（m^2）。

① 建材生产阶段碳排放应按下式计算：

$$C_{sc} = \sum_{i=1}^{n} M_i F_i$$

式中　C_{sc}——建材生产阶段碳排放（$kgCO_2e$）；

M_i——第 i 种主要建材的消耗量；

F_i——第 i 种主要建材的碳排放因子（$kgCO_2e$/单位建材数量）。

② 建材运输阶段碳排放应按下式计算：

$$C_{ys} = \sum_{i=1}^{n} M_i D_i T_i$$

式中　C_{ys}——建材运输过程碳排放（$kgCO_2e$）；

M_i——第 i 种主要建材的消耗量（t）；

D_i——第 i 种建材平均运输距离（km）；

T_i——第 i 种运输方式下，单位重量运输距离的碳排放因子 [$kgCO_2e$/（t·km）]。

部分建材的碳排放因子见表2-4；各类运输方式碳排放因子见表2-5。

部分建材碳排放因子   表2-4

建筑材料类型	建材碳排放因子	建筑材料类型	建材碳排放因子
普通硅酸盐水泥	735kgCO₂e/t	冷轧冷拔碳钢无缝钢管	3680kgCO₂e/t
C30混凝土	295kgCO₂e/m³	电解铝	20300kgCO₂e/t
C50混凝土	385kgCO₂e/m³	塑钢窗	121kgCO₂e/m²
生石灰	1190kgCO₂e/t	无规共聚聚丙烯管	3.72kgCO₂e/kg
混凝土砖（240mm×115mm×90mm）	336kgCO₂e/m³	硬聚氯乙烯管	7.93kgCO₂e/kg
炼钢生铁	1700kgCO₂e/t	聚苯乙烯泡沫板	5020kgCO₂e/t
炼钢用铁合金	9530kgCO₂e/t	岩棉板	1980kgCO₂e/t
普通碳钢	2050kgCO₂e/t	硬泡聚氨酯板	5220kgCO₂e/t
焊接直缝钢管	2530kgCO₂e/t	高密度聚乙烯	2620kgCO₂e/t
热轧碳钢无缝钢管	3150kgCO₂e/t	低密度聚乙烯	2810kgCO₂e/t

各类运输方式碳排放因子 $[kgCO_2e/(t \cdot km)]$ 表2-5

运输方式类别	碳排放因子	运输方式类别	碳排放因子
轻型汽油货车运输（载重2t）	0.334	重型柴油货车运输（载重30t）	0.078
中型汽油货车运输（载重8t）	0.115	重型柴油货车运输（载重46t）	0.057
重型汽油货车运输（载重10t）	0.104	电力机车运输	0.010
重型汽油货车运输（载重18t）	0.104	内燃机车运输	0.011
轻型柴油货车运输（载重2t）	0.286	铁路运输	0.010
中型柴油货车运输（载重8t）	0.179	液货船运输（载重2000t）	0.019
重型柴油货车运输（载重10t）	0.162	干散货船运输（载重2500t）	0.015
重型柴油货车运输（载重18t）	0.129	集装箱船运输（载重200TEU）	0.012

2.1.2 建筑全寿命周期能耗与碳排放

建筑全寿命周期（Building Lifecycle），指的是一栋建筑物经过工程准备、建造、使用、维护、拆除（包括拆除物的无害化处理）所用的时间。以全寿命周期为基础参数，可以更科学地综合评价其投资效益。

按建筑全寿命周期可将建筑产品的寿命周期分为建材生产运输阶段、建筑施工阶段、建筑运行使用阶段、建筑拆除及废弃物处理阶段。

建筑全寿命周期能耗，指建筑作为最终产品在其全寿命周期内所消耗的各类能耗总和，包括建材生产运输、建筑施工、建筑使用运行和建筑拆除处置能耗。

建筑全寿命周期碳排放，指建筑作为最终产品在其全寿命周期内所排放的二氧化碳总和，包括建材生产运输、建筑施工、建筑使用运行和建筑拆除处置过程的碳排放。

2.1.3 建筑碳排放分类

建筑碳排放可划分为建筑直接碳排放、建筑间接碳排放和建筑隐含碳排放。

1. 建筑直接碳排放

建筑直接碳排放是指建筑运行阶段直接消耗的燃煤、燃油和燃气等化石能源带来的碳排放，主要产生于建筑炊事、生活热水和分散采暖等活动。

2. 建筑间接碳排放

建筑间接碳排放是指建筑运行阶段消耗的电力和热力两大二次能源带来的碳排放，这部分排放是建筑运行碳排放的主要来源。

3. 建筑隐含碳排放

建筑隐含碳排放指建筑施工、建筑拆除和建材生产带来的碳排放。

2.1.4 我国建筑行业碳排放总览

21世纪以来，由于中国城镇化进程的加快，大量人口从农村进入城市，2020年我国城镇人口达到9.02亿，农村人口5.10亿，城镇化率从2001年的37.7%提高到2020年的60.6%，这促进了中国建筑建设量大幅度上升，建筑全寿命周期碳排放量也逐年上升，尤其是2010—2012年增幅明显。2012年至"十三五"期间，虽然受存量建筑总量影响，建筑领域年碳排放总量仍呈现上升趋势，但随着我国对建筑碳排放日益重视，同时涌现一批新的节能减排技术，建筑运行、建筑生产、建筑施工的单位碳排放强度均有不同程度的下降。

根据《中国建筑能耗与碳排放研究报告（2022）》测算，2020年全国建筑全过程能耗总量为22.7亿吨标准煤，当年我国建筑全寿命周期碳排放50.8亿吨二氧化碳，占中国碳排放50.9%。中国建筑全生命周期碳排放总体上呈现增长趋势，与2005年约22.34亿吨二氧化碳排放相比增长了近1.27倍，年均增长5.94%，但增速显著放缓，"十一五"期间年均增速7.4%，"十二五"期间年均增速7.0%，"十三五"期间增速降至2.7%，基本趋于平稳（图2-1）。

图 2-1　建筑领域碳排放量变化趋势（2005—2020 年）

（数据来源：《中国建筑能耗与碳排放研究报告（2022）》）

2.2 建筑建造过程的碳排放

建筑建造阶段的碳排放是指由于建筑建造所导致的建材生产、运输以及现场施工（包括建造过程及拆除过程）所产生的碳排放。民用建筑建造与生产性建筑（非民用建筑，如公路、铁路、大坝等）建造、基础设施建造一起，归到建筑业中，其产生的能耗或碳排放统一称为建筑业建造能耗或碳排放。2020 年，建筑建造阶段碳排放中建材生产及运输碳排放占全国碳排放量的 28%，现场施工阶段碳排放占全国碳排放量的 1%。

随着中国城镇化进程加快带来了大规模城镇建设及基础设施建设，建筑业持续发展我国建筑业规模也不断攀升。2007—2020 年我国建筑建造速度增长迅猛，城乡建筑面积大幅度增加，其中 2007—2014 年每年以 20 亿平方米左右稳定增长，2014 年超过了 40 亿平方米；2014—2019 年，我国民用建筑每年的竣工面积逐年缓慢下降，但基本维持在 40 亿平方米，2020 年受新冠疫情影响，民用建筑面积下降至 38 亿平方米。每年大量建筑的竣工使得我国建筑面积的存量高速增长，2020 年我国建筑面积总量约 660 亿平方米。高速公路、高速铁路在近 20 年更是从零起步跃居全球第一。建筑业及基础设施建造的快速发展促进了钢材、水泥、铝材、玻璃、建筑陶瓷等建材产品的旺盛需求。我国钢产量约 10 亿吨/年，水泥产量约 30 亿吨/年，玻璃产量约 10 亿箱/年，在这些工业产品中，钢铁产品的 70%、建材产品的 90%、铝材等有色产品的 20% 都用于建筑业及基础设施建造，其中一半以上用来作为房屋建造，这些产品的生产、运输过程产生大量的碳排放。

2020 年建筑和基础设施建设相关的建材生产、运输和建造能耗为 13.5×10^8 tce，占全社会一次能源消耗的 27%，其中民用建筑建造能耗 5.2×10^8 tce，占全国总能耗的 10%。2020 年建筑和基础设施建设相关的建材生产、运输和建造碳排放 40.5 亿吨，其中我国民用建筑建造相关的碳排放量约为 15 亿吨。

2.2.1 建材生产及运输碳排放

水泥、铝材、玻璃、建筑陶瓷是民用建筑建材生产及运输碳排放的大户，其碳排放量总和几乎占据了建材生产及运输全部的碳排放量。

中国建筑材料联合会发布《中国建筑材料工业碳排放报告（2020 年度）》。经初步核算，中国建筑材料工业 2020 年二氧化碳排放比上年上升 2.7%，建材工业万元工业增加值二氧化碳排放比上年上升 0.2%，比 2005 年下降 73.8%。其中，燃料燃烧过程排放二氧化碳同比上升 0.7%（煤和煤制品燃烧排放同比上升 0.6%，石油制品燃烧排放同比上升 1.4%，天然气燃烧排放同比上升 1%），工业生产过程排放（工业生产过程中碳酸盐原料分解）二氧化碳同比上升 4.1%。水泥、石灰行业的二氧化碳排放量分别位居建材行业前两位（图 2-2）。

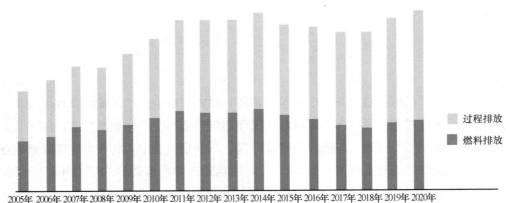

图 2-2　建材工业二氧化碳排放

（数据来源：《中国建筑材料工业碳排放报告（2020 年度）》）

1. 水泥行业

　　建筑与基础设施的建造不仅消耗大量能源，还会导致大量二氧化碳的排放。其中，除能源消耗所导致的二氧化碳排放之外，水泥的生产过程排放也是重要组成部分（图 2-3）。2020 年，水泥工业二氧化碳排放 12.3 亿吨，同比上升 1.8%，其中煤燃烧排放同比上升 0.2%，工业生产过程排放同比上升 2.7%。此外，水泥工业的电力消耗可间接折算约合 8955 万吨二氧化碳当量。

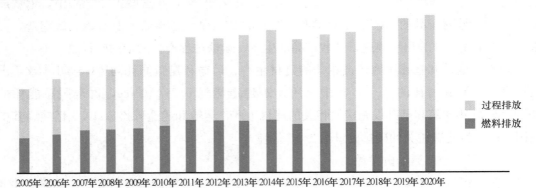

图 2-3　水泥工业二氧化碳排放

（数据来源：《中国建筑材料工业碳排放报告（2020 年度）》）

（1）水泥的定义及分类

　　水泥是一种水硬性胶凝材料，呈粉末状，加水拌和成浆体后能胶结砂、石等散粒材料，能在空气和水中硬化并保持、发展其强度。水泥的种类很多，按其主要成分可分为硅酸盐类水泥、铝酸盐类水泥、硫铝酸盐类水泥和磷酸盐类水泥；按水泥的用途和性能，又可分为通用水泥（如硅酸盐水泥、矿渣硅酸盐水泥）、专用水泥（如道路水泥）及特性水泥（如快硬硅酸盐水泥、膨胀水泥）。

（2）水泥行业碳排放组成

水泥行业碳排放主要包括工业过程排放和能源消费排放。其中工业过程碳排放是指由生产水泥的主要原料石灰石中的碳酸钙分解生成水泥熟料必需的氧化钙的同时生成的二氧化碳，而能源消费包括化石燃料燃烧引起的直接排放和电力消费引起的间接排放。

（3）工业过程碳排放

普通硅酸盐水泥熟料含氧化钙 65％ 左右，根据化学反应方程式：

$$CaCO_3 \xrightarrow{\text{高温}} CaO + CO_2 \uparrow$$

每生成 1 份 CaO 同时生成 0.7857 份 CO_2，故理论上每生产 1t 水泥熟料生产 0.511t CO_2。

（4）间接碳排放

水泥的生产需要大量的化石原料及电力消耗，每生产 1t 水泥需要 73kg 标准煤及 75kWh 电力，按排放因子 2.49 及 0.8 计算，碳排放量分别为 181.77kg 及 60kg（表 2-6）。

水泥生产间接碳排放 表 2-6

项目	单位消耗量	排放因子	碳排放量（kg）	占比
电力消耗	75kWh	0.8	60	9％
燃料消耗	73kg 标准煤	2.49	181.77	29％
石灰石用量	891kg	0.44	392.04	62％
合计			633.81	100％

数据来源：水泥大数据研究院。

水泥生产过程中的碳排放主要集中在熟料生产程序中，主要是来自石灰石的分解和化石燃料的燃烧。根据行业经验，每 1t 熟料的碳排放量估测在 840～860kg。每生产 1t 水泥的碳排放量约为 634kg，与《巴黎协定》的 2℃（2DS）协议要求的二氧化碳排放量必须降到 520～524kg 相比仍然偏高。

2. 石灰、石膏行业

从理论上讲，水泥、石灰和石膏三种胶凝材料都是吸热反应，在生产过程中都会消耗大量煤、电等能源，同时不同程度地排放出二氧化碳。水泥、石灰和石膏三种胶凝材料生产中二氧化碳排放量各不相同，差距也很大。煅烧 1t 石灰约产生二氧化碳 0.8t，煅烧 1t 水泥熟料产生二氧化碳 0.8～0.9t，而煅烧 1t 建筑石膏只产生二氧化碳 0.10～0.21t。在电力消耗上，石膏材料是水泥熟料的 1/4；石灰大部分不粉磨，生产工艺简单，故电耗也较低。上述三种胶凝材料中石膏胶凝材料是最节能的一种材料。通过对水泥、石灰和石膏三种胶凝材料能耗、二氧化碳排放的分析，石膏建材是能耗和二氧化碳排放最低的。石膏是一种绿色环保的胶凝材料，也是一种低碳经济的产品。2020 年我国工业副产石膏排放量约 200 兆吨，其中磷石膏产生量为 74 兆吨，同比下降 2.6％；火电厂脱硫石膏排放量约为 78 兆吨，钛石膏的排放量位居第三位，约为 28 兆吨。

石灰是一种以氧化钙为主要成分的气硬性无机胶凝材料，在土木工程中应用范围很广。目前我国是石灰生产与消费大国。有相关数据显示，2020年我国石灰产量2.8亿吨，占全球总产量的70%以上，全行业大约消耗4000万吨标准煤，煤炭消耗约占石灰行业能源消耗的90%，二氧化碳直接排放量超3亿吨。

因此，水泥在基础建设中是非常重要的、不可替代的，但又是一种高耗能、高排放的建材产品。在这样的情况下，应该充分地发挥石膏建材的优势和特点，在建筑过程中大力发展和推广石膏建筑材料。在可替代领域，尽可能使用石膏建材而非不假思索地选择水泥，如用石膏砌块、石膏条板、石膏砂浆等产品替代掺有水泥的 GRC 板、水泥抹灰、水泥基自流平砂浆和其他水泥胶结材料等。

3. 墙体材料行业

我国建材行业2020年 CO_2 直接排放14.8亿吨。其中，墙体材料行业 CO_2 排放1322万吨，排在水泥、石灰石膏、建筑卫生陶瓷、建筑技术玻璃之后，位列第5位。因此，大力发展"节能、减排、安全、便利和可循环"的绿色新型墙体材料，是推进墙材行业碳减排工作，全面提升建材行业绿色低碳发展水平，促进建材行业顺利实现碳达峰碳中和的重要举措之一。

当前，我国砖瓦行业通过多年的技术创新工作，已经从实心黏土砖为主的墙材发展为陶粒砖/板、陶粒墙体饰品等多种新型陶粒墙材；从以黏土为单一原料，发展为炉渣、粉煤灰、煤矸石、建筑渣土、淤泥、污泥等多种废渣和页岩为原料；从土窑、轮窑发展到回转窑、辊道窑，行业技术进步取得了令人瞩目的成就，产品结构得到了显著调整，为我国节约土地、节能减排、资源利用、推动节能建筑、提升房屋建筑功能、治理环境污染做出了巨大贡献。

4. 建筑卫生陶瓷行业

2021年，我国建筑卫生陶瓷行业二氧化碳排放量1.4亿～2亿吨，占全国总排放量的1.5%～2%，其中建筑陶瓷碳排放量约占全行业96%，卫生陶瓷碳排放量约占全行业4%。目前，建筑卫生陶瓷碳排放主要是由于陶瓷产品制造过程中干燥烧成工段燃烧煤制气、天然气造成的大量碳排放，除此之外，火电使用也会造成一定的碳排放。

意大利建筑陶瓷行业碳排放量仅约占总排放量的1%。为达到2030年建筑陶瓷行业的直接碳排放量平均减少35%～40%的目标，意大利目前2030年以前的低碳技术路线研究重点包括：从窑炉中回收占到总热量15%的热量再利用，同时减少燃气需求；通过高效能技术，把能源效率提高7%；考虑可用性的前提下，最多可使用40%的生物燃料；在试验基础上对瓷砖窑炉进行电气化，2030年整体覆盖率达5%。这也为我国建筑卫生陶瓷行业实现"双碳"目标提供借鉴的思路。

5. 建筑技术玻璃行业

目前，全国平板玻璃生产企业200多家，玻璃熔窑约350座，生产线约450条，生产能力12亿重量箱。根据《高耗能行业重点领域能效标杆水平和基准水平（2021年版）》，平板玻璃（生产能力＞800t/d）能效标杆水平为 8kg 标准煤/重量箱，基准水平为 12kg 标准煤/重量箱，平板玻璃（500t/d≤生产能力≤800t/d）能效标杆水平为 9.5kg 标准煤/重量箱，基准水平为 13.5kg 标准煤/重量箱，截至 2020 年底，平板玻璃行业能效优于标杆水平的产能占比小于 5％，能效低于基准水平的产能约占 8％。

能效低于基准水平的平板玻璃生产能力约有 1 亿重量箱；按照到 2025 年，通过实施节能降碳行动，能效达到标杆水平的产能比例超过 20％的目标，约有 2 亿重量箱的平板玻璃生产能力需要改造提升。平板玻璃生产过程中需要消耗燃料油、煤炭、天然气等能源，不同平板玻璃企业生产能耗水平和碳排放水平差异较大，但通过采用先进的技术和装备，也具有较大的节能降碳改造升级潜力。

2.2.2 建造过程及拆除过程碳排放

随着我国城镇化进程不断推进，民用建筑建造能耗也迅速增长。大规模建设活动的开展使用大量建材，建材的生产进而导致了大量能源消耗和碳排放的产生，是我国能源消耗和碳排放持续增长的一个重要原因。

建筑业不仅包括民用建筑建造，还包括生产性建筑建造和基础设施等，例如公路、铁路、大坝等的建设。建筑业建造能耗主要包括各类建筑建造与基础设施建设的能耗。根据清华大学建筑节能研究中心的估算结果，2020 年中国建筑业建造能耗为 13.5 亿 tce，占全社会一次能源消耗的百分比高达 27％。2004—2020 年，中国建筑业建造能耗从接近 4 亿 tce 增长到 13.5 亿 tce，如图 2-4 所示。建材生产的能耗是建筑业建造能耗的最主要组成部分，其中钢铁和水泥的生产能耗占建筑业建造总能耗的 70％以上。

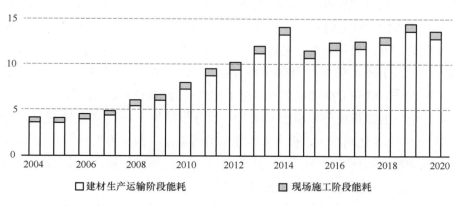

图 2-4　中国建筑业建造能耗（2004—2020 年）

（数据来源：清华大学建筑节能研究中心估算）

随着我国城镇化进程不断推进，民用建筑建造能耗也迅速增长。建筑与基础设施的建造不仅消耗大量能源，还会导致大量二氧化碳排放。其中，除能源消耗所导致的二氧化碳排放之外，水泥的生产过程排放也是重要组成部分。

2020年，我国民用建筑建造相关的碳排放总量约为15亿吨CO_2，主要包括建筑所消耗建材的生产运输用能碳排放（77%）、水泥生产工艺过程碳排放（20%）和现场施工过程中用能碳排放（3%）。尽管这部分碳排放被计入工业和交通领域，但其排放是由建筑领域的需求拉动，所以建筑领域也应承担这部分碳排放责任，并通过减少需求为减排做贡献。随着我国大规模建设期过去，每年新建建筑规模减小，民用建筑建造碳排放已于2016年达峰，近年呈逐年缓慢下降的趋势。

2.3 建筑运行过程的碳排放

2.3.1 建筑运行能耗

建筑运行能耗指的是非工业建筑的运行能源消耗，包括住宅、办公建筑、学校、商场、宾馆、交通枢纽、文体娱乐设施等民用建筑。我国南北地区冬季供暖方式、城乡建筑形式和生活方式各不相同，可将我国的建筑用能分为以下四大类：北方城镇供暖、城镇住宅用能（不包括北方城镇供暖）、商业及公共建筑用能（不包括北方城镇供暖）及农村住宅用能。

建筑能源需求总量的增长、建筑用能效率的提升、建筑用能种类的调整以及能源供应结构的调整都会影响建筑运行相关的二氧化碳排放。建筑运行阶段消耗的能源种类主要以电、煤、天然气为主，其中：城镇住宅、商业及公共建筑这两类建筑中70%的能源均为电，以间接二氧化碳排放为主，北方城镇中消耗的热电联产热力也会带来一定的间接二氧化碳排放；而北方供暖和农村住宅这两类建筑中，能源消耗中使用煤的比例高于电，在北方供暖分项中用煤的比例超过了80%，农村住宅中用煤的比例约为60%，这会导致大量的直接二氧化碳排放。另一方面，随着我国电力结构中零碳电力比例的提升，我国电力的平均排放因子显著下降，至2020年该数据为565gCO_2/kWh；而电力在建筑运行能源消耗中比例也不断提升，这两方面都显著地促进了建筑运行用能的低碳化发展。

根据中国建筑能源排放分析模型CBEEM的分析结果，2020年我国建筑运行过程中的碳排放总量为21.8亿吨CO_2，折合人均建筑运行碳排放指标为1.5t/人，折合单位面积平均建筑运行碳排放指标为33kg/m^2。总碳排放中，直接碳排放占比27%，电力相关间接碳排放占比52%，热力相关间接碳排放占比21%。

2010—2020年期间，除农村用生物质能持续降低外，各类建筑的用能总量都有明显增长，有以下特点：

（1）北方城镇供暖能耗强度较大，近年来持续下降，显示了节能减碳工作的成效。

（2）公共建筑单位面积能耗强度持续增长，各类公共建筑终端用能需求（如空调、设备、照明等）的增长，是建筑能耗强度增长的主要原因，尤其是近年来许多城市新建的一些大体量并应用大规模集中系统的建筑，能耗强度大大高出同类建筑。

（3）城镇住宅户均能耗强度增长，这是由于生活热水、空调、家电等用能需求增加，夏热冬冷地区冬季供暖问题也引起了广泛的讨论；由于节能灯具的推广，住宅中照明能耗没有明显增长，炊事能耗强度也基本维持不变。

（4）农村住宅的户均商品能耗缓慢增加，在农村人口和户数缓慢减少的情况下，农村商品能耗基本稳定，其中，由于农村各类家用电器普及程度增加和北方清洁取暖"煤改电"等原因，近年来用电量提升显著。同时，生物质能使用量持续减少，因此农村住宅总用能近年来呈缓慢下降趋势。

2.3.2　建筑运行直接碳排放

建筑运行直接碳排放主要包括直接通过燃烧方式使用燃煤、燃油和燃气这些化石能源，在建筑中直接排放二氧化碳。

2020 年建筑直接碳排放为 6 亿吨 CO_2，其中城乡炊事的直接排放约 2 亿吨 CO_2，分户燃气燃煤供暖排放约 3 亿吨 CO_2，其余还有 1 亿吨 CO_2 是天然气用于热水、蒸汽锅炉及吸收式制冷造成的直接排放。在 6 亿吨 CO_2 的直接排放中，农村导致的排放占一半以上。

近年来随着在农村地区大力推进"煤改电""煤改气"和清洁供暖，我国建筑领域的直接碳排放已经在 2015 年左右达峰，目前处于缓慢下降阶段。只要在新建建筑中持续推进电气化转型，建筑领域的直接碳排放就会持续下降，不会出现新的峰值。

建筑领域直接碳排放实现零排放的关键在于推进"电气化"的时间点和力度，预计在 2040—2045 年期间可实现建筑直接碳排放的归零。分析表明，电气化转型在 80% 的情况下不会增加运行费用，并且可在 5 年左右回收设备初投资。因此，推行建筑电气化主要的障碍不是经济成本，而是用能理念认识转变以及炊事文化转变。加大公众对于电气化实现建筑零碳的宣传，在各类新建和既有建筑中推广"气改电"，是实现建筑运行直接碳排放归零的最重要途径。

2.3.3　建筑运行间接碳排放

建筑运行间接碳排放由电力间接碳排放及热力间接碳排放组成。

1. 电力间接碳排放

电力间接碳排放，指的是从外界输入到建筑内的电力，其在生产过程中相应的碳排放。2020 年我国建筑运行用电量为 2 万亿千瓦时，电力间接碳排放为 11.3 亿吨 CO_2。目前我国建筑领域人均用电量是美国、加拿大的六分之一，是法国、日本等的三分之一左右，单位面积建筑用电量为美国、加拿大的三分之一。生活方式和建筑运行方式的差异，是造成我国与发达国家用电强度差异的最主要原因之一。

近年来建筑用电量增长造成的碳排放增加，超过了电力碳排放因子下降造成的碳排放降低，建筑用电间接碳排放将持续增长，尚未达峰。我国应该维持绿色节约的生活方式和建筑使用方式，避免出现美国、日本等发达国家历史上在经济高速增长期之后出现的建筑用能剧增现象。在 2060 年，我国建筑面积达到 750 亿平方米时，建筑用电量 3.8 万亿千瓦时，即可基本满足我国人民对于美好生活的需求和建筑用能。在此基础上，推广"光储直柔"新型电力系统，当每年由于"绿电"比例提升和"光储直柔"建筑比例提升所造成建筑电力间接碳排放量降低，大于由于建筑总规模和建筑用电强度增长所造成的建筑电力间接碳排放增长量时，我国建筑用电间接碳排放可实现达峰。通过全面推广"光储直柔"配电方式，可以使建筑用电的零碳目标先于全国电力系统零碳目标的实现。

2. 热力间接碳排放

热力间接碳排放，指的是北方城镇地区集中供热导致的间接碳排放，北方城镇地区的集中供暖系统采用热电联产或集中燃煤燃气锅炉提供热源，其中：燃煤燃气锅炉排放的二氧化碳完全归于建筑热力间接碳排放，热电联产电厂的碳排放按照其产出的电力和热力的比例来分摊（参见国家标准《民用建筑能耗标准》GB/T 51161—2016），将热力相关的碳排放归于建筑热力间接碳排放。

2020 年我国北方供暖建筑面积约 156 亿平方米，建筑运行热力的间接碳排放为 4.5 亿吨 CO_2。近年北方地区集中供暖面积和供暖热需求持续增长，但单位面积的供热能耗和碳排放持续下降，北方供暖热力间接碳排放呈缓慢增长趋势。进一步加强既有建筑节能改造，充分挖掘各种低品位余热资源，淘汰散烧燃煤锅炉，可以在 2025 年左右实现建筑运行使用热力的间接碳排放的达峰。之后随电力部门对剩余火电的零排放改造（CCUS 和生物质燃料替代）的逐步完成，可与电力系统同步实现建筑热力间接碳排放的归零。

为了实现这一目标，要持续严抓新建建筑的标准提升和既有建筑的节能改造，使北方建筑冬季供暖平均热耗从目前的 $0.35GJ/m^2$ 降低到 $0.3GJ/m^2$ 以下，从而减少需热量。2020—2035 年：主要通过集中供热系统末端改造以降低回水温度，从而有效回收热电厂余热和工业低品位余热。通过现有热源供热能力的挖潜，来满足建筑供暖需热量的增加。对北方沿海核电进行热电联产改造，为我国北方沿海法线 200km 以内地区提供热源。2035 年起：配合电力系统火电关停的时间表，同步建设跨季节蓄热工程来解决关停火电厂造成的热源减少问题。至 2045 年：依靠跨季节蓄热工程，收集核电全年余热、调峰火电全年余热及各类工业排放的低品位余热全年排放的热量。这样可在电力系统实现零碳排放的同时实现建筑热力间接碳排放的零排放。

公共建筑由于建筑能耗强度最高，所以单位建筑面积的碳排放强度也最高，2020 年碳排放强度为 $45.7kgCO_2/m^2$，随着公共建筑用能总量和强度的稳步增长，这部分碳排放的总量仍处于上升阶段；而北方城镇供暖分项由于大量燃煤，碳排放强度仅次于公共建筑，2020 年碳排放强度为 $34.9kgCO_2/m^2$，由于需热量的增长与供热效率提升、能源结构转换的速度基本一致，这部分碳排放基本达峰，近年来稳定在 5.5 亿吨 CO_2 左右；而农村住宅和城镇住宅虽然单位面积的一次能耗强度相差不大，但农村住宅由于电气化水平低，燃煤比例高，所以单位面积的碳排放强度高于城镇住宅；农村住宅单位建筑面积的碳排放强度为 $22.5kgCO_2/m^2$，由于农村地区的"煤改电""煤改气"，农村住宅的碳排放总量已经达峰并在近年来逐年下降；而城镇住宅单位建筑面积的碳排放强度为 $16.4kgCO_2/m^2$，随着用电量的增长而缓慢增长。

2.4 与建筑相关的其他碳排放

除二氧化碳外，建筑中制冷空调热泵产品所使用的制冷剂也是导致全球温升温室气体的主要成因之一。因此，制冷空调热泵产品的制冷剂泄漏带来的非二氧化碳温室气体排放也是建筑碳排放的重要组成部分。我国建筑领域非二氧化碳气体排放主要来自家用空调器、冷/热水机组、多联机和单元式空调中含氟制冷剂的排放。现阶段我国常用含氟制冷剂主要包括 HCFCs 和 HFCs，主要是 R22、R134a、R32 和 R410A 等。HFCs 类物质由于其臭氧损耗潜值为零的特点，曾被认为是理想的臭氧层损耗物质替代品，被广泛用作冷媒，但其全球变暖潜值（GWP，Global Warming Performance）较高，因此也是建筑领域的非二氧化碳温室气体排放的主要来源。

非二氧化碳温室气体问题是与二氧化碳同样重要的影响气候变化的重要问题，需要建筑部门认真对待。尤其是随着我国二氧化碳排放达峰和中和进程的推进，非二氧化碳温室气体占全球温室气体排放总量的比例会逐渐增长。对于建筑领域来说，非二氧化碳温室气体排放对于建筑领域实现气候中和的重要性也会逐渐加大。2021 年 9 月 15 日，《基加利修正案》对中国正式生效，修正案规定了 HFCs 削减时间表，包括我国在内的第一组发展中国家应从 2024 年起将受控用途 HFCs 生产和使用冻结在基线水平，并逐步降低至 2045 年不超过基线的 20%。随着我国进一步城镇化和人民生活水平的提升，我国未来制冷设备的总拥有量还将有一个快速增长期。这使得建筑领域的非二氧化碳温室气体减排面临巨大挑战。

本 章 小 结

本章讲述了我国建筑行业的碳排放情况；建筑建造过程碳排放；建筑运行过程碳排放；建筑间接碳排放。要求学生熟悉建筑碳排放的种类及建筑全生命周期各阶段的碳排放情况，培养学生践行低碳生活方式。

本 章 习 题

一、填空题

1. 《巴黎协定》指出，各方将加强对气候变化威胁的全球应对，把全球平均气温较工业化前水平升高控制在____摄氏度之内，并为把升温控制在____摄氏度之内而努力。全球将尽快实现温室气体排放达峰，21 世纪下半叶实现温室气体净零排放。

2. 按建筑全寿命周期可将建筑产品的寿命周期分为：_____阶段、_____阶段、_____阶段和_____阶段。

3. 建筑碳排放可划分为_____碳排放、_____碳排放和_____碳排放。

4. 建筑运行间接碳排放由_____碳排放和_____碳排放组成。

5. 我国的建筑用能分为以下四大类：_____、_____、_____、_____和_____。

二、简答题

1. 建筑全生命周期分为哪几个阶段？建筑全生命周期碳排放又包括哪些阶段？

2. 简述建筑碳排放的分类及特点。

3 建筑行业低碳实施路径

教 学 目 标

1. 了解我国新的清洁低碳能源体系的构成；
2. 理解构建"光储直柔"建筑能源系统的必要性；
3. 熟悉建筑全生命周期的低碳路径。

1. 能说出各类节能节电措施；
2. 能编制建筑节能运行方案；
3. 会进行建筑碳排放计算。

1. 具备大国责任意识，以实现碳中和为己任；
2. 能积极主动进行碳达峰、碳中和宣传；
3. 能身体力行坚持绿色低碳生活方式。

3.1 构建新的清洁低碳能源体系

3.1.1 我国的能源结构及碳排放现状

1. 能源结构不合理及资源不平衡

我国的能源结构特点是"富煤、贫油、少气"，现阶段我国的能源体系是一个"高碳、高煤"的系统。依据 2020 年能源消费数据，化石能源消费占比接近 85%，其中，煤炭占 56.7%，石油占 19.1%，天然气占 8.5%。另外，水电、核电、风电等非化石能源占比 15.7%（图 3-1）。

我国人均资源拥有量较低，煤炭和水力资源人均拥有量为世界平均水平的 50%，石油、天然气资源人均拥有量为世界平均水平的 10%。我国除了煤炭资源相对丰富外，其他化石能源自给能力不强，对外的依存度过高。中国是油气进口大国，2020 年我国的石油进口率为 73%，天然气的进口率为 43%。从我国能源资源分布看，煤炭、石油、天然

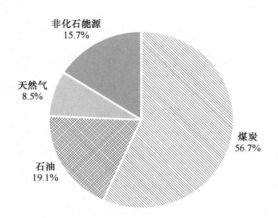

图 3-1　2020 年我国各类能源消费量占比

（数据来源：《中国能源发展报告 2020》）

气、水力资源等主要分布在华北、西北、西南一带，而能源的消费则主要集中在东南地区，能源资源与消费市场的逆向分布制约了能效提升。

2. 碳排放及电力生产情况

根据国际能源署（IEA）的数据，2020 年我国二氧化碳排放总量 98.99 亿吨（其中来自煤炭的碳排放量约为 70 亿吨），占全球排碳总量的 1/4 以上，居全球首位。

2020 年我国的二氧化碳排放，从行业看，发电和供热行业占总排放的 51％，远高于其他行业；工业排放占比约 28％，是第二大碳排放行业；交通行业和建筑行业的碳排放占比分别为 10％和 6％（图 3-2）。

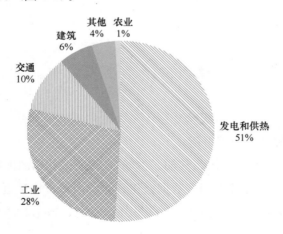

图 3-2　2020 年我国二氧化碳排放按行业细分

（数据来源：国际能源署）

电能供应涉及各行各业，但现阶段我国的电力生产仍然是以燃煤火电为主。根据国家统计局数据，2020 年我国全社会发电量见表 3-1。

2020 年我国各类发电量及占比　　　　　　　　　　　表 3-1

		发电量（亿千瓦时）	占社会总发电量比例
火电	燃煤	46320	60.75%
	燃气	2490	3.27%
	其他火电	1620	2.12%
水电		13550	17.78%
风电		4670	6.12%
核电		3660	4.80%
太阳能发电		2610	3.42%
生物质发电		1330	1.74%
总计		76250	100%

　　我国以碳基为主的能源结构，是排碳量大的主要原因。要减少二氧化碳排放量，如期实现"碳中和"目标，调整能源结构，大力发展低碳和非碳能源，构建新的清洁低碳、安全高效的能源体系势在必行。

 知识链接 -

火电产生的碳需要多少棵树吸收？

　　我国目前发电量中，水电、风电、核电和光电约占 30%，属于"零碳电力"，而以燃煤燃气为动力的"碳排放电力"则接近 70%。数据显示，火电的二氧化碳排放量为 838g/kWh，2020 年的 5.04 万亿千瓦时火电排放的二氧化碳约为42.26t。按照一棵普通树平均每天可吸收5023g二氧化碳计算，需要24亿棵树花费 1 年才能将这些二氧化碳全部吸收完。

3.1.2　清洁低碳能源体系的目标

1. "双碳"工作对构建新的能源体系的要求

　　2021 年 9 月，《中共中央　国务院关于完整准确全面贯彻新发展理念做好碳达峰碳中和工作的意见》，对构建新的能源体系提出的目标见表 3-2。

我国新的能源体系目标　　　　　　　　　　　表 3-2

时间	目标
2030 年	(1) 社会发展全面绿色转型取得显著成效； (2) 重点耗能行业能源利用率达到国际先进水平； (3) 非化石能源消费比重达到 25% 左右，风电、太阳能发电总装机容量达到 12 亿千瓦以上； (4) 二氧化碳排放量达到峰值并实现稳中有降
2060 年	(1) 绿色低碳循环发展的经济体系和低碳安全高效的能源体系全面建立； (2) 能源利用效率达到国际先进水平； (3) 非化石能源消费比重达到 80% 以上； (4) 碳中和目标顺利实现

2. 零碳愿景下的能源供给与需求

根据清华大学建筑节能研究中心的数据，对 2060 年碳中和背景下的各行业用电量预测，以及零碳愿景下能源供给与需求数据见表 3-3。

2060 年我国零碳愿景下的能源供给与需求　　　　　　　表 3-3

产出与消费	装机容量/kW	发电量/kWh	需要燃料	排出二氧化碳	输出热量
核电	2 亿	1.5 万亿			70 亿 GJ
水电	5 亿	2 万亿			
风电、光电	65 亿	8 万亿			
调峰火电	6.5 亿	1.5 万亿	4.5 亿 tce（生物质、燃煤、燃气各 1/3）	9 亿吨 CO_2	70 亿 GJ
流程工业		−3 万亿	7 亿 tce	14 亿吨 CO_2	50 亿 GJ
非流程工业		−4 万亿	3 亿 tce	6 亿吨 CO_2	−70 亿 GJ
交通		−2 万亿	3 亿 tce	2 亿吨 CO_2	
建筑		−4 万亿			−50 亿 GJ
合计	78.5 亿	产出 13 万亿 消费 13 万亿	17.5 亿 tce	31 亿吨 CO_2	输出 190 亿 GJ 需要 120 亿 GJ

注：生物质商品能源 10 亿 tce，燃气燃煤 6 亿 tce，回收 12 亿吨 CO_2 用于化工建材等。

3.1.3 清洁低碳能源体系的实现路径

大力发展低碳和非碳能源，逐步替代煤炭等高碳能源，是我国构建新的绿色清洁能源体系的必由之路，也是解决我国环境和资源问题、走可持续发展的必由之路。

1. 太阳能

（1）太阳能概述

太阳能是一种清洁的可再生能源。与常规能源相比，太阳能具有资源量大，分布广泛、清洁、经济的优点，也有能量密度低、不稳定和间歇性等缺点。

太阳能应用
的优缺点

（2）我国太阳能资源分布

我国太阳能资源丰富，全国各地年太阳能辐射总量为 3340～8400MJ/m²，平均为 5852MJ/m²。受气候、地形等条件制约，我国的太阳能资源分布具有明显的地域性，根据太阳年辐射量大小，划分为四类地区（表 3-4）。

我国（大部分地区）太阳能资源分布及特征　　　　　　　表 3-4

太阳能分布带	主要地区（省、市）	峰值日照时数/h	全年辐照量/[MJ/(m²·a)]
一类地区 资源丰富	宁夏北部、甘肃北部、新疆东南部、青海西部和西藏西部	5.08～6.39 均值 5.7	6680～8400
二类地区 资源较丰富	河北西北部、山西北部、内蒙古南部、宁夏南部、甘肃中部、青海东部、西藏东南部和新疆南部	4.45～5.08 均值 4.7	5852～6680

续表

太阳能分布带		主要地区（省、市）	峰值日照时数/h	全年辐照量/ [MJ/ (m² • a)]
三类地区 资源中等		山东东南部、河南东南部、河北东南部、山西南部、新疆北部、吉林、辽宁、云南、山西北部、甘肃东南部、广东南部、福建南部、江苏北部、安徽北部、天津、北京和台湾西南部	3.82～4.45 均值4.1	5016～5852
四类地区	资源较差	宁夏北部、甘肃北部、新疆东南部、青海西部和西藏西部	3.19～3.82 均值3.5	4190～5016
	资源最少	四川、贵州、重庆	2.54～3.19 均值2.8	3344～4190

（3）太阳能光伏发电系统的组成

太阳能光伏发电系统，是利用太阳能电池将太阳能转化为电能的系统（图3-3）。该系统一般包括：太阳能电池组件（方阵）、储能装置、控制器和逆变器等。

光伏发电的优缺点

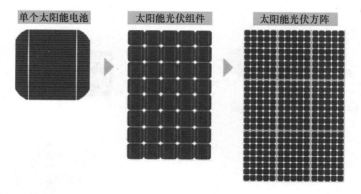

图 3-3 太阳能电池板

（图片来源：公开网络）

（4）光伏发电系统的类型

1）独立光伏发电系统（离网系统）

独立光伏发电系统是指未与公用电网相连的系统，也称离网光伏发电系统。该系统一般为特定用户如野外军营、哨所、边缘村庄等供电。该系统发出的电能不输送到电网，而是直接供给用户使用。系统一般由太阳能电池组件方阵、控制器、蓄电池、逆变器和负载构成。这类系统白天时由电池组件为负载供电同时为蓄电池充电；夜间时由蓄电池为负载供电（图3-4）。

该系统常与市电、风电结合，构成市电-光电互补、风电-光电互补系统，市电或风电作为夜间、阴雨天气时光电不足时的补充。

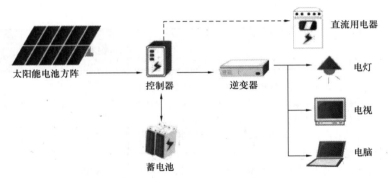

图 3-4　独立光伏发电系统

（图片来源：公开网络）

2）并网光伏发电系统

并网光伏发电系统是指与公共电网相连，与公共电网共同承担供电任务的系统。太阳能电池组件方阵将光能转变为电能，经直流配电线箱进入并网逆变器，经逆变器输出的交流电供负载使用，多余的电能通过电力变压器等设备馈入公共电网（卖电）；当并网光伏系统因天气原因或自身用电量偏大时，可由公共电网向交流负载供电（买电）（图 3-5）。

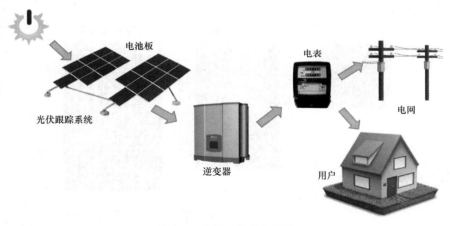

图 3-5　并网光伏发电系统

（图片来源：公开网络）

 知识链接 ......

我国光伏发电行业现状及前景

2021 年我国光伏发电新增并网容量 5488 万千瓦，其中集中式光伏电站 2560.07 万千瓦，分布式光伏 2927.9 万千瓦。

截至 2021 年底，我国光伏发电累计并网容量 30598.7 万千瓦，其中集中式光伏电站 19847.9 万千瓦，分布式光伏 10750.8 万千瓦。

光伏发电成本大幅降低，平均上网电价已降至 0.35 元/kWh，"十四五"期间将降到 0.25 元/kWh 以下。

2. 风能

（1）风能概述

风是一种自然现象，风能是一种天然能源。与常规能源相比，风能具有如下优点：

1）蕴藏量丰富。据估算，全世界可利用的风能总量约 2000 万兆瓦。

2）可再生，用之不尽。风能是太阳能的变异，只要太阳和地球存在，就有风能。

3）清洁无污染。风能开发不存在开采和运输问题，可以就地开发利用。

（2）我国的风能资源

我国是世界上风力资源占有率最高的国家之一。风能资源的勘测以距地面 10m 高度层的全年风速和累计小时为依据。根据年有效风能密度值、风速大于等于 3m/s 和 6m/s 的全年累积小时数，我国风能资源划分为风能丰富区、风能较丰富区、风能可利用区和风能贫乏区四个区域（表 3-5）。

我国（大部分地区）风能资源分布及特征　　　　　　　　　　表 3-5

风能分布区	主要地区（省、市）	年有效风能密度/（W/m²）	年风速≥3m/s 累计小时/h	年风速≥6m/s 累计小时/h	占全国面积的百分比/%
风能丰富区	东南沿海、山东半岛、辽东半岛及海上岛屿，内蒙古、甘肃北部，黑龙江南部、吉林东部、河北北部	>200	>5000	>2200	8
风能较丰富区	西藏高原中北部，东南沿海，东北、西北、华北的南部地区，华东沿海地区	150～200	4000～5000	1500～2200	18
风能可利用区	广东、广西沿海，福建沿海，大、小兴安岭山区，中部地区等	<50～150	<2000～4000	<350～1500	50
风能贫乏区	云、贵、川、甘南、陕西、湘西、鄂西和福建、两广的山区等；塔里木盆地、雅鲁藏布江各地	<50	<2000	<350	24

（3）风力发电系统的组成

风力发电是利用风的动能来驱动风力机，风力机再带动发电机进行发电的技术。风力发电机组一般由风力机、发电机、支撑部件、基础及电气控制系统等几部分组成。

风力发电机组的种类和式样有很多种，通常有以下分类方式：

1）根据风力发电机的输出容量，我国分为四种：

① 微型，1kW 以下；② 小型，1～10kW；③ 中型，10～100kW；④ 大型，100kW 以上。1000kW 以上的风力发电机也称为兆瓦级风力发电机。

2）按风轮结构和其在气流中的位置，分为两种：

① 水平轴。水平轴风轮的旋转轴水平，与风向平行。因技术成熟、单位发电量成本较低，是目前应用最广的形式（图 3-6）。

② 垂直轴。垂直轴风轮的旋转轴垂直于地面或气流方向，其主要优点是可以接受来自任何方向的风，发电机位于风轮下方，便于安装维护和保养，但因叶片形状特殊，设计、加工和运输难度较大，单位发电量造价高于水平轴风机，应用尚少（图 3-6）。

(a)   (b)

图 3-6 风力发电机组

（a）水平轴风轮；（b）垂直轴风轮

（图片来源：公开网络）

（4）风力发电系统的类型

1）小型风力发电系统

小型风力发电机组多用于偏远农村、山区、草原、岛屿等偏远地区，多为离网型发电系统，常与光伏发电系统形成互补，实现供电可靠性。

小型风力发电系统由小型风力发电机、控制器、蓄电池和逆变器等构成（图 3-7）。

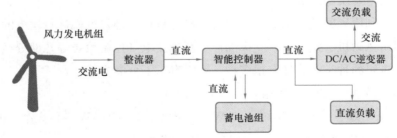

图 3-7 小型风力发电系统

（图片来源：作者自绘）

2）并网型风力发电系统

发电功率大于 1000kW 的风力发电系统，即兆瓦级风力发电系统，通常采用并网运行的方式。风力发电机产生的电能，不直接供当地的负荷使用，而是输送到其他区域或大电网中（图 3-8）。

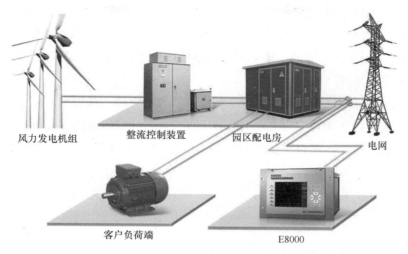

风力发电机组　　　整流控制装置　　　园区配电房　　　电网

客户负荷端　　　　　E8000

图 3-8　并网型风力发电系统

（图片来源：公开网络）

并网型风力发电机组可分为风轮、机舱、塔架和基础等部分。

 知识链接 --

我国的风力发电

新疆达坂城风电一场是我国第一个风能发电场，于 1989 年建成。

广东省南澳岛风电场是我国第一个海岛风电场，到 2005 年底，装机容量达到 5.6 万千瓦，是当时亚洲最大的海岛风电场。

2007 年 6 月，我国建成最大的风电场，内蒙古的辉腾锡勒风电场，总装机容量 189 兆瓦。

2021 年全国风电发电量为 5667 亿千瓦时，占发电总量的 6.6%。

3. 水能

（1）水能概述

水能通常是指水具有的势能、压能和动能三种机械能。自然界中的水能实际是太阳能的一种转化形式，低位的水被太阳光加热，蒸发变成水蒸气，水蒸气在高空聚集成云飘散到地球各处，在冷空气的作用下形成雨降落到地面，汇集成河流并具有了机械能。

人类很早就开始利用水能，中国古代利用湍急的河流、跌水、瀑布等水能资源，建造水车、水磨和水碓等机械用于提水灌溉、粮食加工、春稻去壳。

（2）我国的水能资源

我国河流众多，径流丰沛、落差巨大，蕴藏着非常丰富的水能资源。我国的水力资源居世界第一。水资源理论蕴藏量 7 亿千瓦，技术可开发量 5.4 亿千瓦，经济可开发量 4 亿千瓦。截至 2020 年底，全国水电装机 3.70 亿千瓦，占全国电力总装机规模的 16.82%。

我国可利用的水能资源主要包括长江流域、黄河流域、东北边境流域、西南边境流域、东南沿河流域及其他流域。其中，长江是中国水力最丰富的河流，可开发的水能资源占全国总量的 53.4%；黄河是中国第二大河，黄河流域水能资源的理论蕴藏量达 43311 兆瓦。

（3）水力发电系统

水力发电是指位于高处河流和湖泊中的水有较大的势能，利用水的落差形成的势能用于发电。水电站是将水能转换为电能的综合工程设施，一般包括挡水建筑物、泄水建筑物形成的水库、引水系统、发电厂房和机电设备等设施。上述设施共同构成水力发电系统（图 3-9）。

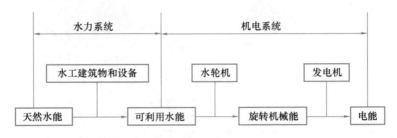

图 3-9　水力发电系统

水库的高水位水，经引水系统流入厂房水轮机，通过水轮机向下游流动时，水能转变为机械能，驱动发电机转变为电能，电能再经升压变压器、开关站和输电线路输入电网。

（4）水力发电的开发形式

水电站是将水能转变为电能的工厂，又称水力发电厂或水力发电站。

我国的水力
发电情况简介

按利用能源的方式，水电站分为：常规水电站、抽水蓄能水电站、潮汐电站和波浪能电站；按集中水头方式，水电站分为：坝式、引水式和混合式；按运行方式，水电站分为：无调节水电站、有调节水电站和抽水蓄能水电站等。

 知识链接

我国的水力发电

2021 年我国水力发电装机容量累计约达 3.91 亿千瓦。

2021 年我国水电发电量 11840.2 亿千瓦时，占当年全社会用电量的 14.24%。

2022 年 12 月 20 日，世界技术难度最高、单机容量最大、装机规模第二大水电站——白鹤滩水电站正式投产发电。

截至 2022 年底，三峡集团在长江干流建设运营的乌东德、白鹤滩、溪洛渡、向家坝、三峡及葛洲坝 6 座巨型梯级水电站，共安装 110 台水电机组，总装机容量达 7169.5 万千瓦，形成世界最大"清洁能源走廊"。6 座水电站联合调度、协同运行，年均发电量可达 3000 亿千瓦时，每年可节约标煤约 9045 万吨。

4. 核能

（1）核能概述

核能是一次能源的重要组成部分，核电在能源价格上优势明显，而且更稳定，是除化石燃料之外能够提供大规模电力的清洁能源，是今后一段时期内解决能源稀缺问题的希望。

核能的应用与安全

（2）我国核电发展情况

近年来，我国的核电工业经历起步、初步发展、腾飞和持续发展几个阶段，目前已经是全球核能利用大国。

截至 2021 年年底，中国大陆运行核电机组共 53 台，额定装机容量为 54646.95MWe。2021 年全国核电机组累计发电量为 407 亿千瓦时，排世界第二位，占全国累计发电量的 5.02%。

（3）核能发电技术

现阶段的核电站大多是利用核裂变进行发电的。核能发电利用铀燃料进行核分裂连锁反应产生热量，将水加热成高温高压蒸汽，水蒸气推动蒸汽轮机并带动发电机发电。核反应所放出的热量较化石燃料燃烧所放出的能量高约百万倍。

（4）核废料处理与核安全

1）核废料的分类与处理

核废料是指在核燃料生产、加工和核反应堆用过后不再需要的并具有放射性的废料。按物理状态，核废料可分为固体、液体和气体三种；按比活度（也称比放射性，指放射源单位时间被放射性元素衰变的次数与其质量之比）可分为高水平（高放）、中水平（中放）和低水平（低放）三种。高放废料是指从核电站反应堆芯中换下来燃烧后的核燃料；中放和低放废料主要是指核电站在发电过程中产生的具有放射性的废液、废料，占所有核废料的 99%。

核废料的处理有两个必需条件：①安全、永久地将核废料封闭在一个容器里，并保证数万年内不泄漏出放射性物质；②寻找一处安全、永久存放核废料的地点。

目前，国际上通常通过海洋和陆地两种途径处理核废料：①将核废料先经过冷却、干式贮存，然后再将装有核废料的金属罐投入选定海域 4000m 以下的海底；②深埋于建在地下厚岩石层里的核废料处理库中。

2）核安全

核安全有广义和狭义之分。

广义核安全是指涉及核材料及放射性核素相关的安全问题，包括放射性物质的管理、前端核资源开采利用的设施安全、核电站的安全运行、乏燃料后处理设施的安全及全过程的防核扩散等。

狭义核安全是指在核设施的设计、建造、运行和退役期间，为保护人员、社会和环境免受可能的放射性危害所采取的技术和组织措施的综合。具体包括：确保核设施的正常运行、预防事故的发生、限制可能的事故后果。

 知识链接 ------------------------------------

我国的核能发电

秦山核电基地是我国目前核电机组数量最多、装机容量最大的核电基地，年发电量约 500 亿千瓦时。1985 年 3 月开工建设，1991 年 12 月并网发电。

2021 年我国核电发电量为 4071.41 亿千瓦时，约占全国总发电量的 4.8%。

截至 2022 年 8 月底，我国拥有商运核电机组 53 台，总装机容量 5559 万千瓦，在建核电机组 23 台，总装机容量 2419 万千瓦，在建核电机组规模全球第一。

"十四五"期间，我国核电装机规模将进一步加快扩大，每年增加 6～8 台。预计到 2035 年，核能发电量在我国电力结构中的占比将达到 10%。

3.1.4 "光储直柔"建筑新型能源系统

1. 清洁低碳能源体系的难题与破解

1) 发展各类电力的局限

从能源供给的角度，构建清洁低碳电力体系是关键。但受各方面因素的制约，各类能源发展都会有最大限度。

① 水电：根据最新统计，中国水能资源可开发装机容量约 6.6 亿千瓦，年发电量约 3 万亿千瓦时。截至 2020 年，我国水电年发电量已突破 1.2 万亿千瓦时，预计到 2060 年，我国水电开发程度将稳步提升，年发电量达到 2 万亿千瓦时。虽然水电具有绿色、廉价的优势，但我国水电资源的开发，年发电量 2 万亿千瓦时已是上限，剩余可开发水电资源经济性较差，增量有限。此外水电除了用于供电外，更重要的作用是用于风电和光电的调蓄。

② 火电：火电作为当前我国基荷能源的主力，由于碳排放高与"双碳"目标严重相悖，发展将受到限制，未来趋势是逐年递减状态，预计到 2060 年，火电年发电量 1.5 万亿千瓦时，将主要起到调峰作用，以弥补水电、光电因冬季短缺造成的缺口。

③ 核电：鉴于核电站的特殊性，核电站的建设具有一定局限性，核废料处理以及核事故不可预估的后果也都是短时间内无法突破的瓶颈，因此未来核电的容量也有峰值限制。根据预测，到 2060 年，我国核电站的年发电量将达到 1.5 万亿千瓦时。

④ 风电、光电：未来电力体系中，风电、光电将成为电力系统的主力，预计占到总装机容量的 80%，年发电量的 60%。风电和光电都会受气候条件影响，发电量具有较大的波动，除了要考虑因季节原因导致的水电、光电冬季电力短缺问题和供电与用电负荷间不匹配问题外，目前面临的最大问题是风电、光电的安装位置。

2) 我国风电、光电资源现状

由于风电、光电都属于低密度电源，按装机容量 $100W/m^2$ 计算，60 亿千瓦装机容量所需要的水平面积为6万平方公里。

如果直接在中东部电力负荷密集区利用屋顶等资源发展分布式光电，不仅安装费用低于戈壁光伏，且减少长途输电投资，还可以降低输送损耗和两侧的储电损耗，并且集发电、储电、用电于一体，电力优先在低压层级进行消纳，可以缓解电网压力。

为何不能全部依赖我国西部地区发展光伏

因此，未来清洁低碳能源体系中，来自风电、光电的约8万亿千瓦时的电，其中6万亿千瓦时在中东部负荷密集区产生，采用分布式或集中式；另外2万亿千瓦时来自西北地区，并且需要依靠水电进行调峰协同。由于光伏发电需要非常大的面积，建筑屋顶就变成了非常好的可再生能源利用场景。所以，在满足建筑美观的前提下，利用建筑的屋面与外立面，尽可能地发展光伏资源，使建筑成为能源的产消者，将是一场新的能源革命。

2."光储直柔"建筑新型能源系统

(1)"光储直柔"建筑必要性

《中国建筑节能年度发展研究报告2022》的数据显示，我国建筑运行的年碳排放量达到21.8亿吨，民用建筑建造相关碳排放量15亿吨，二者相加，已经接近全社会碳排放的40%。未来，我国建筑面积还将进一步增加，服务质量也将进一步提升，建筑领域面临巨大减碳压力。

传统的建筑能源系统，以满足建筑运行的能源需求（冷、热、电等）为基本任务，建筑仅承担能源消费者的角色。在"双碳"目标指引下，建筑能源系统面临更高的发展要求，需重新认识建筑在整个能源系统中的角色和定位，增强建筑能源系统的柔性成为重要任务。

未来的电力系统将转型成为以风电、光电等可再生能源为主体的零碳电力系统，风电、光电的发展需要解决安装位置、消纳和调蓄等问题。建筑作为重要的能源需求用户，同时又具有安装分布式光伏的面积资源，可以有效承担起自身可再生能源充分利用、协助低碳电力系统实现有效调蓄等任务。因而，在能源系统低碳发展需求下，建筑在其中的定位发生了变化：在建筑仍作为能源用户的基础上，既需要建筑作为光伏的生产者，也需要建筑能够响应外部能源供给侧变化，有效承担起从用户侧调节出发、适应供给侧变化特点的任务。

根据卫星图片和现场抽样调查，得到全国建筑屋顶资源利用方面的数据（表3-6）。

我国的建筑屋顶资源　　　　　　　　　　　　　　　表3-6

建筑屋顶	可利用面积/亿平方米	光伏安装量/亿kW	年发电量/亿kW	可满足
城镇	75	8.7	10000	城镇建筑和私家车用电量的25%
农村	185	19.7	25000	农村生活、生产、交通用电量的2倍

通过全面开发利用城乡建筑的屋顶进行光伏发电，可完成全国 60％的光伏发电任务。

因此，充分利用建筑屋面发展光伏资源，使建筑从原来的单纯能源消耗变成集能源的生产、消费和调蓄三位于一体的产消者，将成为我国构建清洁低碳能源体系的发展方向。

（2）"光储直柔"系统原理

"光储直柔"，英文简称 PEDF，是光伏发电（Photovoltaic）、储能（Energy Storage）、直流配电（Direct Current）和柔性用能（Flexibility）四项技术的合称，是适应碳中和目标需求而构建的新型建筑配电系统，也称建筑能源系统。

光（Photovoltaic）：是指建筑中的分布式太阳能光伏发电设施。随着技术的进步，将光伏板、太阳能薄膜、太阳能玻璃等固定在建筑屋顶及外表面或直接成为建筑的构件，将建筑建造与分布式光伏发电进行有机结合，发展低碳建筑，使建筑成为能源的"生产者"。

储（Energy Storage）：是指建筑中的储能设施。因为光伏发电与建筑用电的不同步，所以需要大量能够储存电能的设备，蓄电池、可充电的扫地机器人、笔记本电脑等智能家电，都是很好的储能设备。由于汽车 90％的时间是停在建筑旁边，使用双向充电桩，未来电动车将可能成为"移动电站"。

直（Direct Current）：是指建筑内的低压直流配电系统。现有供电系统提供的是交流电，大部分电器也都是交流电器，而事实上，电视、电脑、音响等设备的电子元器件必须用直流电才能工作，需要先整流；电动车的蓄电池需要直流充电，光伏发电输出的也是直流电。供需两侧的"直流本质"，将给相关领域带来机遇和挑战，例如高效直流空调等设备。

柔（Flexibility）：是指柔性用电技术。主要是解决市电供应、分布式光伏、储能及建筑用电四者的协同关系，具体来说就是解决一天内电力供需不匹配问题的技术。柔性技术是解决当下电力负荷峰值突出问题以及未来与高比例可再生能源发电形态相匹配问题的关键。

"光储直柔"建筑的最终目标是实现建筑整体柔性用能，使得建筑从传统能源系统中仅是负载转变为未来能源系统中的"产消蓄调"复合体（图 3-10）。

（3）如何构建"光储直柔"建筑

构建"光储直柔"建筑能源系统，并非简单应用光伏或某项单一技术，也不是"光、储、直、柔"的简单组合。构建"光储直柔"系统需要多方面的协同，才能实现将建筑打造成为能源系统中集生产、消费、调蓄功能"三位一体"复合体的目标。

1）光：产消明确，应装尽装

光伏发电需要敷设面积，建筑表面成为重要的安装资源，建筑将从单纯的用电负载转变为能源生产者。

未来城市建筑的功能：①充分挖掘利用建筑外表面，发展光伏，满足建筑和私家车用电量的 25％；②利用建筑热惯性、私家车的电池资源、分布蓄电池，完成 60％的日内调节电量。除特殊场合外，城市建筑完全自发自用，不上网送电。

建筑屋顶光伏
的潜在价值

未来农村建筑功能：依靠屋顶光伏建成新型的农村能源系统，不仅满足农户生活、生产用能，还可以发电上网。由于农村建筑屋顶的光伏发电量是自身用电量的 1.5～3 倍，

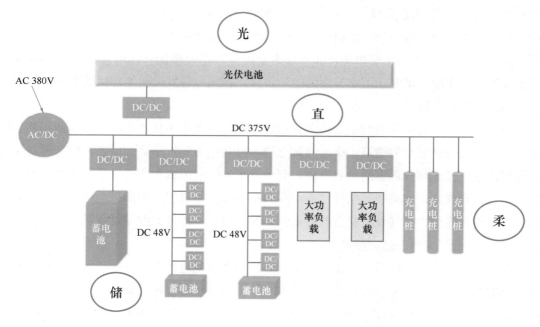

图 3-10 "光储直柔"建筑配电系统

通过车辆和农机具蓄电，可以实现单向送电。农村建筑具有显著光伏利用潜力，有望成为未来零碳电力系统中重要的分布式电力来源。

2）储：挖掘潜力、合理配置

未来以风电、光电为主的新型电力系统要解决风电、光电电力波动性难题，需要配置大量调蓄和储能资源。当前电力系统中考虑的主要储能方式包括化学电池、蓄冷/蓄热、抽水蓄能、压缩空气、飞轮、氢等，这些储能手段目前成本很高，是构建未来以风电、光电为主的低碳电力系统面临的重要难题，还需要进一步探索。因此，使建筑侧成为调蓄资源具有重要意义。

从建筑侧来看，建筑内可利用的各类具有储能/蓄能能力的设备、设施都可以作为"光储直柔"系统中的储能资源（图 3-11）。

建筑本体围护结构可发挥一定的冷热量蓄存作用，与暖通空调系统特征相关联后可作

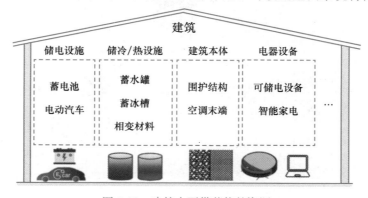

图 3-11 建筑中可供蓄能的资源

49

为重要的建筑储能/蓄能资源；水蓄冷、冰蓄冷等是建筑空调系统中常见的可实现电力移峰填谷的技术手段；各类用能设备可作为储能系统的重要设备，例如空调系统中的热泵等是满足热量/冷量需求的重要措施，亦可成为发挥空调系统储能作用的重要手段，地源热泵等空调方式实质上是实现了季节性的能量转移；建筑中可发挥蓄能作用的至少还包括电动车和各类设备电器。

对汽车使用行为研究表明，电动汽车与建筑之间具有密切联系和高度同步使用性。电动汽车可视为一种移动的建筑、移动的蓄电池，将其作为一种重要的储能资源，可发挥对建筑能源系统进行有效调蓄的重要作用，电动汽车也将有望成为实现交通、建筑、电力协同互动的重要载体。建筑中的电气设备，有的自身带有蓄电池，例如扫地机器人、笔记本电脑等，集合建筑中电气设备自身的蓄电池资源，也是一种可观的储能资源。

3) 直：分层变换、适应波动

未来建筑将推广使用低压直流配电系统，除了直流配电系统自身的优势外，供给侧与需求侧的发展变化为其应用提供了有利条件：一方面光伏等可再生能源输出为直流电，直流配电系统可以更好地发挥建筑光伏利用的优势；另一方面建筑机电设备中越来越多的高效设备正在直流化或利用直流驱动，例如直流电器 LED 照明、直流驱动的 EC 风机、直流调速离心冷水机组等高效产品。传统交流配电网络中需将交流电转换为直流电来满足高效机电设备的需求，而直流配电系统可以省去交直变换环节，系统更简单、与用电设备的高效发展需求更匹配。

目前，《民用建筑直流配电设计标准》T/CABEE 030—2022 已正式颁布实施，为建筑低压直流系统的设计、运行等提供了重要基础。该标准建议电压等级不多于 3 级，并推荐采用 DC750V、DC375V、DC48V，可根据设备接入功率需求选取适宜的电压等级。在明确电压等级、系统中各类负荷负载组成的基础上，"光储直柔"系统中的各类负载、光伏、储能等通过有效的 DC/DC 变换器接入建筑直流配电系统，并最终通过直流母线与外部交流电网之间的 AC/DC 变换器连接，根据各类负载电器、用能/供能/蓄能设备所需的电压等级来实现分层分类变换，满足各自需求（图 3-12）。

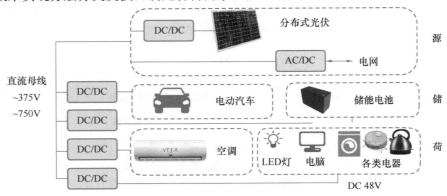

图 3-12　建筑低压直流配电系统示意图

4）柔：充分调动、积极响应

建筑柔性是指在满足正常使用的条件下，通过各类技术使建筑对外界能源的需求量具有弹性，以应对大量可再生能源供给带来的不确定性。柔性用能是"光储直柔"系统的最终目标，期望将建筑从原来电力系统内的刚性用电负载变为灵活的柔性负载。

要实现建筑柔性用能，一方面需要将建筑融入整个电网或电力系统中，进一步理解电网侧需要建筑用能实现什么样的效果；另一方面则是在建筑内部能够对电网要求的柔性用能进行有效响应，通过调度建筑内部的系统、设备等满足电网侧的调节需求（图3-13）。

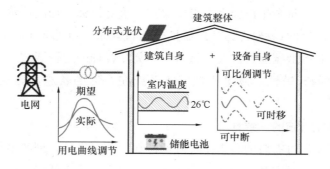

图 3-13　建筑柔性用电及与电网友好互动

从电力系统发展趋势来看，我国未来将建成以风电、光电为主体，其他能源为有效补充或调节手段的低碳电力系统，这一目标的实现需要"源、储、网、荷"多方位的协调配合。风电、光电的发电特点是波动大，电网供给侧的特征变化使得其需要可供调节、应对波动的有效手段。若负载侧能够适应未来电力供给变化的特点，则可有效降低对电网侧储能、调蓄能力等的要求，这也是建筑可主动作为、争取成为未来低碳电力系统中柔性负载的重要意义。

3.2　建筑领域的低碳与节能

3.2.1　低碳目标下建筑节能的必要性

如果从电力、供热、工业生产等领域的工作为建筑服务的角度考虑，我国建筑领域的碳排放量约为我国总碳排放量的 40%，是全社会二氧化碳排放占比最大的部门，建筑行业的减碳工作任重道远。要实现低碳目标，节约能源是关键。

1. 建筑低碳与建筑节能的关系

（1）低碳与节能目标的一致性

建筑领域的低碳目标是寻求在建筑全生命周期中采取有效措施降低碳排放，关键环节包括减少"建造过程碳排放""建筑材料相应碳排放"和"建筑运行过程碳排放"。建造过程碳排放，在总碳排放中占比较低（约3%）；发展各类低碳排放的建筑材料是实现建材减排的重要措施；运行过程中能源消耗对应的碳排放是建筑全生命周期中碳排放占比最大的部分（约 70%），主要包括建筑运行过程中燃烧化石燃料的直接碳排放和电力等其他形式的间接碳排放，降低能源消耗即可以减少碳排放。

建筑节能的目标是通过有效的措施降低建筑运行能耗，主要包括满足建筑使用功能的供冷、供暖、用电等方面需求所付出的能耗。2016 年颁布的《民用建筑能耗标准》GB/T 51161—2016，以最终能耗数据衡量建筑节能成效，是我国规范各类民用建筑运行能耗与进一步合理开展建筑节能工作的重要依据。

（2）低碳与节能实施阶段的一致性

低碳与节能都是建筑全生命周期中需要关注的重要目标。在设计阶段，应选取适宜的低碳/节能技术，在设计时就要考虑建筑后期的运行效果，以低碳节能目标为导向，注重能够真正实现建成后的低碳运行。在运行阶段，关注合理的运行调节策略，充分发挥建筑内主动、被动技术的有效性，使得建筑用能系统在合适的状态，实现建筑的节能低碳运行。

（3）低碳与节能措施的一致性

建筑节能是期望通过有效的技术手段降低能耗，通过设计合理的系统，提高能源利用效率、采用高效设备，制定合理的运行调节措施等实现。建筑低碳的技术手段，包括施工过程中的减碳技术，低碳建材的选择，改变能源结构、降低用能过程的碳排放，通过有效的节能措施降低建筑对能源的需求等。

（4）低碳与节能的差异

建筑节能主要关注建筑的能源消耗总量，建筑低碳则需要进一步考虑能源与形式、用能需求与能源供给之间的关系等方面。

从建筑用能结构看，低碳提出了新要求，建筑中应尽量避免化石燃料的使用，实现全面电气化。能源结构调整是实现碳中和目标的重要环节，建筑领域用能也要主动适应这一变革。

从建筑用能需求与外部电网供给之间的关系看，低碳提出了建筑用能与外部电力供给在时间尺度上的匹配问题，风电、光电等可再生能源具有较强波动性，变化规律与建筑用能需求不能完全匹配，就需要重新认识低碳和节能的目标不一致性。例如，从节能角度看，直接电供暖，属于能量利用的"高质低用"，但从低碳角度看，如果电供暖的电力来自建筑光伏发电，而且电供暖通过建筑蓄能措施（如混凝土辐射地板电供暖），则既能实时消纳光伏电力又能较好满足建筑供热在时间上的稳定性要求。

总之，在碳中和目标驱动下，建筑低碳与节能目标能够实现有机的统一，节能是实现低碳目标的重要基础，低碳乃至零碳目标对建筑节能提出了更高的要求。在未来以可再生能源为主体的低碳能源系统中，建筑将跳出单纯耗能者的角色，而是要适应供给侧的变化特征，与未来新的能源系统构建新型的供需关系。

2. 建筑节能是实现建筑低碳的基础

（1）发展零碳电力仍有诸多制约

虽然在我国发展清洁低碳能源体系具备可行性，但仍存在一定制约因素：首先是资源总量的限制，核电、水电的发展都存在上限，而风电、光电受安装空间资源的限制，也存在上限。第二个制约因素是储能资源的限制，如果发展过快，用能量大幅提升，就需要更高比例的储能，将造成储能的成本超过电源本身的建设成本，且储能也受限于空间资源。第三个因素是建设成本，如果电力需求规模增长到一定程度，零碳能源系统的建设成本将超线性增长。

（2）绿色用能方式是我国建筑能耗低的主要原因

从数据上看，目前我国的建筑运行能耗显著低于发达国家，无论是人均面积还是单位面积的能耗强度和碳排放强度，我国均低于发达国家水平。其中最主要的原因，是我国大部分建筑均采用"部分时间、部分空间"的室内环境营造方式。相比美国"全时间、全空间"的运行模式，我国人均建筑运行能耗是美国的 1/6，单位面积运行能耗是美国的 40%。

如果照搬国外的建筑发展模式，我国的能耗和碳排放都可能成倍增长。因此，我们要坚持目前中国特色的建筑用能习惯，在进一步满足人们不断提升的室内环境等各方面需求的同时，实现绿色低碳发展。

3.2.2　建筑围护结构节能

1. 建筑围护结构节能的必要性

实现低碳目标，节约能源是关键，通过科学合理的设计提升建筑本体性能、降低营造室内环境的能源需求是方向，减少建筑使用过程中不必要的冷热损失也非常重要。

我国从"十一五"期间开始进行北方供热计量与围护结构改造工作，已经取得一定成效，但截至目前，仍有约 32 亿～40 亿平方米的北方城镇建筑需要改造。加强建筑保温，尤其是老旧非节能住宅围护结构的保温改造，是降低北方城镇地区建筑供暖能耗的重要途径。与此同时，南方建筑夏季需要长期供冷，对冬季供暖的需求也日益高涨，用能水平持续上升，而南方建筑尤其是既有居住建筑的隔热保温性能更差，围护结构节能改造势在必行。

2. 建筑围护结构节能的标准与意义

我国于 1986 年颁布了《民用建筑节能设计标准（采暖居住建筑部分）》，并分别于 1995 年、2010 年和 2018 年进行了更新，现行标准为《严寒和寒冷地区居住建筑节能设计标准》JGJ 26—2018。该标准以 20 世纪 80 年代初的北方建筑供暖能耗为基准，分别确定了集中供热系统"节能百分比"的目标，以北京市（寒冷 B 区）为例，建筑物各类围护结构热工性能参数（换热系数 K）限值见表 3-7。

不同节能设计标准居住建筑围护结构 K 值［单位：W/（m² · K）］　　表 3-7

节能标准	建筑部位		
	外墙	窗	屋面
基准建筑（20 世纪 80 年代）	1.57	6.4	1.26

节能标准	建筑部位		
	外墙	窗	屋面
30%节能（JGJ 26—1986）	1.28	6.4	0.91
50%节能（JGJ 26—1995）	1.16	4.7	0.80
65%节能（JGJ 26—2010）	0.60	3.1	0.45
75%节能（JGJ 26—2018）	0.45	2.2	0.30

据测算，需要将北方建筑的平均单位面积耗热量降低到 $0.25MJ/m^2$ 以下，才有可能实现零碳供热。

除此之外，我国还先后颁布了《夏热冬冷地区居住建筑节能设计标准》JGJ 134—2010、《夏热冬暖地区居住建筑节能设计标准》JGJ 75—2012、《农村居住建筑节能设计标准》GB/T 50824—2013 及《公共建筑节能设计标准》GB 50189—2015 等，分别对不同区域、不同类型建筑的围护结构热工性能参数做出了规定。

3. 建筑围护结构节能技术

（1）新建建筑节能减碳路径

对于新建建筑，未来 30 年我国建设行业的发展路线是缩小规模，控制建筑总量的增长，这是建筑领域实现节能低碳的最主要路径。此外，还需要加大力度研究开发新型低碳建材的应用、新型结构体系技术的应用等，并尽量在新建建筑中利用拆除的建筑部件、建筑垃圾逐步实现建筑建造的零排放。同时需要严格执行各类建筑节能设计标准的要求，增强建筑围护结构的保温隔热性，从根本上减少建筑内部对人工制冷制热的需求。

（2）改建建筑节能减碳路径

随着新建建筑规模的减少，建筑行业将更多转入对既有建筑的改造，通过改造实现建筑性能和功能的提升，延长既有建筑使用寿命，从而避免"大拆大建"，并通过新工艺、新材料的使用，减少高碳排放建材的使用量。建筑围护结构节能技术有以下几种：

1）外墙的节能改造技术

墙体保温技术主要有内保温和外保温两种类型，一般是用岩棉、玻璃棉、聚苯乙烯塑料、聚氨酯泡沫塑料等新型保温绝热材料铺贴在建筑外墙外侧或内侧，或直接采用保温隔热性能较好的复合墙体，以降低墙体的传热系数。

2）窗户的节能改造技术

对窗户的节能处理主要是改善材料的保温隔热性能和提高窗户的密闭性能。目前采用较多的措施是增加窗玻璃层数、窗上加贴透明聚氨酯、加装窗墙间的密封条、使用低辐射（Low-E 玻璃）、中空玻璃和绝热性能好的窗框材料等，从而改善窗户的绝热性能，有效阻挡室内空气与室外空气的热传导。

3）屋面和地面的隔热保温技术

屋面和地面的保温隔热也是围护结构节能的重点。在寒冷地区的屋面和地面设保温层，以阻止室内热量散失；在炎热地区的屋顶设置隔热降温层，以阻止太阳辐射传至室内；在夏热冬冷地区则需冬、夏兼顾。

4）南方地区建筑围护结构节能技术

针对南方地区夏季的炎热潮湿，可以通过改善建筑本体的热性能，来实现被动式隔热，改善室内热环境。比较成熟的被动式隔热技术有以下几种：

① 种植墙体与种植屋面。通过种植攀缘植物覆盖墙面或屋面，利用植物叶面的蒸腾及光合作用，吸收太阳的辐射热，同时有效遮挡夏季太阳辐射，降低外墙或屋面温度，进而减少外墙或屋面向室内传热，达到隔热降温目的（图 3-14）。

图 3-14　种植墙体与种植屋面

（图片来源：公开网络）

② 通风瓦屋面。屋面通风瓦技术是南方地区屋顶隔热的一种典型形式（图 3-15）。白天，屋面构造中的空气层可大幅度提高屋面的热阻，增大屋面结构的热惰性，室外热量被大量阻隔，增强了屋面的隔热性能；夜晚，由于空气的热惰性极小，使屋面结构在提高热阻的同时，热惰性并不增加，室内热量可以很快散发出去。

图 3-15　通风瓦屋面

（图片来源：公开网络）

③ 被动蒸发围护结构。新型建筑材料微孔轻质混凝土，是由发泡浆体与陶粒搅拌而

成的一种节能产品，具有良好的传热阻和热稳定性。冬季利用多孔材料的非连通性，保温效果良好；夏季利用轻质混凝土材料的连通性，形成表皮气候层对热湿气候开放，具有被动蒸发冷却功能，提高隔热效果，使墙体具有自我调节室内外气候的能力。微孔轻质混凝土可做成砌块或复合挂板（图 3-16）。

图 3-16 微孔轻质混凝土砌块

（图片来源：公开网络）

3.2.3 低碳供暖技术

供暖能耗一直是建筑领域的能耗大户，根据《中国建筑节能年度发展研究报告 2022》数据，2020 年我国北方城镇供暖能耗为 2.14 亿 tce，占全国建筑运行总能耗的 20%。随着南方居民对冬季供暖需求的提升，夏热冬冷地区的供暖能耗也增长迅速，年增长率甚至高达 50%。因此，要降低能耗，减少碳排放，建筑供暖领域是主战场之一。

1. 北方供暖

（1）已经取得的成绩

自 2001—2020 年，北方城镇建筑供暖面积从 50 亿平方米增长到约 156 亿平方米，面积增加了 2 倍而能耗总量增加不到 1 倍，这得益于持续进行的节能工作。具体包括：

1）建筑围护结构保温水平的提高

近年来，住房和城乡建设行政主管部门通过各种途径提高建筑保温水平，包括建立覆盖不同气候区、不同建筑类型的建筑节能设计标准体系，进行既有居住建筑改造，开展节能专项审查工作等，从而使得我国建筑的保温水平大幅提高，减少了建筑实际需热量，降低了能耗强度。

2）高效热源方式占比的提高

由高效的热电联产集中供暖、区域锅炉方式，取代小型燃煤锅炉和户式分散小煤炉；各类热泵技术的飞速发展；以燃气为能源的供暖方式比例增加等，尤其是供暖系统效率的整体提高，使得我国北方建筑采暖能耗强度下降显著。

（2）未来努力方向

1）改变供暖能源形式

当下实现清洁供暖的形式是"煤改气"或"煤改电"。虽然煤改天然气也可以实现取消散煤的任务，但天然气也是化石能源，也会排放大量 CO_2，且我国的天然气还需要进口，因此在进行选择时，应该首选"煤改电"，尤其是优选电动热泵。

2）改变用能方式

人的用能行为是减少能耗进而减少碳排放的关键。由于每个建筑空间的实际使用率只有 $10\%\sim60\%$，坚持"部分时间、部分空间"的用能方式，可以大幅降低能耗水平；同时，将室内温度设置在舒适性的下边界（冬季维持在温度下限），也可以减少能源消耗，助力实现建筑零碳目标。

3）提升技术水平

在建筑设计、营造或改造时，通过被动技术的使用，将建筑对热的需求降低到最小；在建筑运行时，通过供热系统的最优化技术，使其供能效率最高，也是零碳供热的关键，是未来实现碳中和的必由之路。

2. 南方供暖

近年来南方供暖一直是社会关注的焦点话题。尤其是长江流域，冬季湿冷，居住建筑室内温度经常不足 10℃。随着生活水平的提升，人们对室内环境的改善需求越发迫切，有些地方计划发展燃气集中供暖系统，这势必带来能耗增加和经济性不佳等问题，与我国"双碳"目标背道而驰。

（1）南方集中供暖的弊端

一是供热时间短，经济性不佳。长江流域冬季时间短，集中供热系统热源及管网投资巨大，需要靠长时间的经济运行才能回收成本；二是增加输配损失和过量供热，增加能耗，参照北方系统，管网输配热损失达总热量的 12%，另外南方居民习惯开窗，加上南方建筑围护结构保温水平不佳等因素，会大幅增加耗热量，从而导致能耗的增加。

（2）南方燃气壁挂炉供暖的弊端

目前长江流域不少居民家庭采用燃气壁挂炉＋地板辐射采暖的供暖方式，据调研，长江流域虽然供暖期短，一般在 $50\sim90$ 天不等，日均耗气量 $10\sim20\mathrm{m}^3$，这不仅是一笔巨大的开支，还会加大我国对进口天然气的依赖程度，并且与我国未来能源结构调整战略不相符。

（3）南方居民供暖电气化

综合比较，南方居民供暖的最佳方式应该是分室或分户的空气源热泵。居民可以根据室内温度状况和是否有人，采取"部分时间、部分空间"的方式运行。随着技术的进步，居民普遍反映的传统电空调供热不可靠、上热下冷带来的不舒适感等问题，都会得到解决，而随着我国清洁电力系统供应逐步成熟，供暖电气化将是未来解决南方地区居民室内热环境的重要途径。

3.2.4 建筑用能电气化

建筑用能电气化与电源清洁化相辅相成,清洁低碳能源体系建立的同时,建筑用能电气化也需要同步进行。

1. 炊事电气化

能源低碳转型意味着用能侧的全面电气化。目前建筑中多数用能设备都是电器,炊事是少数仍需使用化石能源的终端,要实现建筑领域的低碳转型,就需要推进炊事用能电气化。

随着生活水平的提高,居民厨房电器设备的种类和数量越来越多,但燃气灶仍然是很多居民炒菜的首选,而且燃气灶的使用频率很高,因此推进燃气灶的电气化是炊事电气化的重点,当下让用户选择电磁炉替代燃气灶的关键因素主要是使用体验和效率价格。

1) 用户使用体验

相比燃气灶具,电磁炉使用方便、安全环保。据调查,家庭不愿意用电磁炉的主要原因有两个:①部分烹饪功能不易满足;②加热功率小。

明火爆炒方面,电磁炉通过电磁场产生热能,中间温度特别高,四周温度很低,会出现中间易糊、四周不热的加热不均匀现象,让人感觉炒菜是闷熟的。要让东方人接受用电磁炉炒菜,就需要在产品提升上下功夫,目前电焰炉是能够实现明火炒菜的产品。

燃气灶、电磁炉、电焰炉性能数据见表3-8。

燃气灶、电磁炉、电焰炉的比较

表3-8

	燃气灶	电磁炉	电焰炉
热负荷或功率	热负荷 5kW	功率 2.2kW	功率 3.5kW
能效等级	一级	三级	三级
效率/%	63	86	86
加热食物功率/kW	3.15	1.9	3.01

2) 能效和经济性

经测算,以当下电费 0.5 元/kWh 和燃气价格 4 元/m³ 计算,考虑电磁炉三级能效 86% 和燃气灶一级能效 63%,电磁炉的能源成本比燃气灶具低 12%。考虑到未来电磁炉热效率的提升和天然气成本的升高,电磁炉的节能和经济优势会愈发明显。

2. 生活热水电气化

居民生活离不开热水。如果按照每人每天热水用量 40L 计算,仅城镇居民生活热水的需求就超过 19 亿 GJ,相当于 680 亿 m³ 的天然气。无论从缓解气源紧缺还是减少碳排放角度,都需要推进生活热水电气化。

目前居民生活热水的热源主要有电、燃气和太阳能三种,未来能源生产侧以清洁电能为主后,居民生活热水直接用电能将成为现实。

1) 用户体验

调研发现，在家用热水器中，用户对电热水器的温度适宜性满意度最高；从出热水等待时间看，电热水器等待时间相对较短；从水温稳定性看，电热水器的优势很明显。

目前以电为能源的热水器，主要有即热型和储热型两类，其中储热型热水器的功率远低于即热型，对建筑配电的要求及对电网的冲击相对较小；其储热能力还可以成为未来建筑需求侧响应的一种方式，促进建筑柔性用电。储热型电热水器应当是未来居民家庭生活热水电气化的发展方向。此外，电热泵热水器，用 1 份电可以产生 3 份热，热效率可达 300%，相比其他电热水器（热效率 95% 左右）更节能高效，也将成为生活热水电气化的主力军。

2）经济性

经测算，以当下电费 0.5 元/kWh 和燃气价格 4 元/m³ 计算，电热水器和燃气热水器的使用成本基本持平，若考虑投资费用，电热水器的综合吨热水成本则低于燃气热水器。考虑未来天然气成本的升高、峰谷电价以及蓄热型热水器作为电力系统的灵活性资源，生活热水电气化的优势会更加明显。

3.2.5　家用电器节能

以城镇住宅为例，伴随生活水平的提升，家庭电器种类和数量日益增多，据统计，2020 年全国城镇住宅总用电量达到 5707 亿千瓦时，是 2001 年全国城镇住宅总用电量的 4 倍以上。我国城镇住宅不同住户间用电量差异巨大，差别甚至达到 8 倍。

1. 用电量差异的原因

造成不同家庭间用电差异的主要原因包括：生活方式不同、电器种类不同、电器使用方式不同以及供暖和空调使用行为的不同。

以长沙和北京的两个家庭为例，分析其用电情况。两个家庭基本年用电情况见表 3-9，年耗电量超过 80kWh 的各类电器用电数据见表 3-10。

家庭基本情况　　　　　　　　　　　　　　　　　　　　　　　　　　　表 3-9

对比事项		家庭	
		家庭 A	家庭 B
家庭地址		湖南长沙	北京
全年用电量		6995kWh	999kWh
建筑面积		100m²	160m²
人口构成		中年 2 人、学生 1 人	中年 2 人、学生 1 人
家用电器	供冷	分体空调 3 台	分体空调 3 台
	供暖	电暖器＋空调	集中供暖
	生活热水	燃气热水器＋小厨宝	燃气热水器＋集中生活热水
	其他电器	冰箱、洗衣机、投影仪、功放音响、走步机、智能马桶圈、扫地机器人、抽油烟机、电饭煲等	冰箱、洗衣机、电视、功放音响、抽油烟机、电饭煲、电热水壶等

各类电器年用电情况　　　　　　　　　　　　表 3-10

电器类型	空调	小厨宝(A)电水壶(B)	投影仪及功放	电暖器(A)电烤箱(B)	电饭煲	冰箱	智能马桶圈	洗衣机	走步机(A)微波炉、煮蛋器(B)	音响	路由器
A家庭年用电量(kWh)	745	518	481	430	385	310	241	160	111	94	87
B家庭年用电量(kWh)	100	110	—	50	35	260	—	120	80	62	60

可以看出，A家庭的空调和小厨宝是用电大户，其次是，投影仪及功放、电暖器、电饭煲等；B家庭夏季空调使用时间短，冬季集中供暖，用于供冷供热的电耗并不高，B家庭用电量由高到低依次为冰箱、洗衣机、电水壶、空调等。

通过分析A家庭的电耗构成发现，造成家用电器电耗高的原因，除了供暖和空调使用方式的差异外，其他电器的使用方式也是影响电耗的重要因素。调研得知，A家庭长期使用厨宝供洗手用热水且始终保持使用状态，每天使用投影仪3～5h且从不关机，每天使用电饭煲预约煮粥功能，走步机、音箱等均为长期待机等，使用习惯是高电耗最主要的原因。

家用电器有三类因素值得关注：①持续加热类电器，如电热水器、小厨宝、饮水机、智能马桶圈等，这类电器因长时间待机并反复加热，全年耗电量非常可观；②高耗能电器，如烘干机、洗碗机、消毒碗柜、电烤箱等，这类电器功率大能耗高；③各类电器的待机能耗，如洗衣机、电视机、投影仪、电脑等，如果不使用时也处于待机状态，虽然每种电器的待机电耗都不是很大，但积少成多也成为家庭电耗中不容忽视的构成。

2. 家用电器节能潜力

（1）持续加热类电器

持续加热类电器是通过采用电加热的方式产生用户所需热水或维持表面温度。根据使用习惯，这类电器用于满足用户热需求所消耗的电，与维持蓄存水温或热量以及抵消漏热量所消耗的电相比，占比很小，也就是说其实大部分电耗属于"无用功"。

解决此类电器电耗高的问题，是要减少不使用期间的额外能耗。从政策角度应强化能效标准；从技术角度应设计出带智能控制功能的新型设备，避免频繁反复加热和散热，从使用者角度是通过行为节能来避免浪费。

（2）高耗能类电器

近年来，部分高耗能但非必需的电器也逐渐进入千家万户，如洗碗机、酒柜、热水洗衣及带烘干的洗衣机等。

解决此类电器电耗高的问题，主要是政策层面，不应给予鼓励或补贴，减少此类非必要高耗能电器的普及，避免造成能耗的激增。

（3）全天处于待机状态的电器

长期待机的电器，如电视、电脑、空调等，待机功率一般为 0.5～5W，单个电器全年待机电耗 4～40kWh。集腋成裘，全社会的待机电耗是一个庞大的数字。

解决此类电器电耗高的问题，主要是行为节能，要鼓励用户养成不使用电器的时段关闭电源的生活习惯。此外，也需要加强各类电器的节能技术，通过智能控制使电器在不使用期间自动切换到节能模式，最小化待机功率。

3.2.6 绿色低碳生活方式

随着我国经济社会的发展，人均或单位面积能耗还可能进一步增长。追求生态文明发展理念，坚持绿色生活方式，坚持低碳消费，实现绿色低碳和可持续发展，才是我国未来的发展方向。

从终端需求活动导致的碳排放看，我国 35％的碳排放源自家庭能源消费。引导、帮助消费者将低碳意识转化为行动，有助于我国碳中和目标的实现。低碳消费涉及居民衣食住行等生活消费的各个领域。

1. 低碳衣着食物

与人们生活密切相关的服装和食物，从原料生产、加工、储存、运输、消费到处理全过程，都会带来碳排放，倡导低碳服装和低碳饮食，需要从改变公众消费行为做起。选择回收材料制成的服装，以棉麻等天然织物代替更高碳排放的聚酯织物，实行旧衣物回收再利用，提高服装利用率，衣物清洗时的节水节电，都是降低服装总消耗量的可行办法。部分服装生产厂推出"碳标签"，推动服装生产工序低碳化，引导消费者了解低碳服装的环保性。

联合国政府间气候变化专门委员会（IPCC）指出，大量农业氮肥使用和水资源的消耗等因素，造成粮食系统对全球温室气体排放的贡献度为 21％～37％；全球粮食损失与浪费造成的温室气体排放量达全球人为温室气体排放总量的 8％～10％，每年造成的经济损失约 1 万亿美元。因此，从需求端倡导低碳饮食习惯、发展低碳餐饮、缩短食物供应链十分必要，例如在烹饪过程中使用节能低碳设备、拒绝使用一次性餐具、节约点餐适度消费、推广应用无纸化电子菜谱等，都是行之有效的手段。减少食物浪费也是避免污染、降低碳排放的另一个重要手段，除了节约适度消费外，还可以通过餐厨垃圾堆肥实现循环利用。相比蔬菜水果，肉类和乳制品食物的碳排放更高，因此膳食平衡、素食消费也成为健康生活的新潮流。

2. 低碳建筑

低碳建筑不仅涉及居民住宅，还包括办公、学校、商场等公共建筑在日常采暖、制冷、照明等方面的能耗和排放的控制。优先选择自然通风、自然采光，优先选用被动技术，尽量减少人工制冷和供暖的使用时间；提升可再生能源使用比例来实现建筑节能减排；在建筑不同位置布置绿化，改善生活环境的同时，实现建筑固碳；尽可能多地利用太阳能光伏，将建筑打造成发电源；执行低碳建筑相关评价标准，覆盖建筑规划、设计、施工、运营、拆除、回收利用全生命周期，减少碳源并增加碳汇，实现建筑碳排放性能优化。

3. 低碳交通

世界各国的低碳交通方式主要有两类：①交通运输结构和出行方式的变革，包括促进铁路、水路等交通方式发展，以公共交通体系代替私家车出行，以自行车、步行等慢行交通方式代替机动车出行，减少飞机等高碳出行方式；②运输工具装备及配套基础设施的低碳转型，用生物燃料、氢燃料等清洁能源替代传统汽油，推广新能源汽车、无轨电车等电动交通工具设备，以及信息化手段支撑下的智慧物流、智慧交通体系，提高运输效率、降低交通能耗。

对于普通民众，倡导绿色出行方式，尽量选购小排量汽车或电动汽车，减少尾气排放，减少空气污染；引导驾驶员养成良好的驾驶习惯，杜绝突然加速行为、飙车与发动机长时间空转现象；少用私家车，减少不必要的出行，尽量选择地铁、公交、共享单车等交通工具，或采取步行等出行方式，既可减少污染物排放，又有益于身体健康。

3.3 碳汇、碳交易与碳计算

3.3.1 碳汇

1. 碳汇相关概念

（1）碳库（Carbon Pool）

碳库是指自然界中储存温室气体的各个部分。地球上主要有岩石圈、大气、海洋和陆地生态系统四大碳库。

（2）碳源（Carbon Source）

碳源是指向大气中排放二氧化碳等温室气体的过程、活动或机制。自然界中碳源主要是海洋、土壤、岩石与生物体，人类生产、生活也是主要的碳排放源。

（3）碳汇（Carbon Sink）

碳汇是指从大气中清除温室气体、气溶胶或温室气体前体的任何过程、活动或机制。需要注意的是，并非能够吸收碳就是碳汇，只有能够固定、储存碳才是碳汇。

根据《联合国气候变化框架公约》，碳源和碳汇的量是独立核算的，两者互不影响。碳达峰仅指碳源的量达峰，不抵扣碳汇量；碳汇主要在碳中和阶段发挥作用，当碳源与碳汇的量全部抵消时，即实现碳中和。

2. 碳汇手段

目前碳汇手段主要包括绿色碳汇、蓝色碳汇、通过碳捕集等技术产生碳汇。

（1）绿色碳汇

绿色碳汇又称陆地碳汇，是指通过植树造林、森林管理、植被恢复等措施，利用植物光合作用吸收大气中的二氧化碳，并将其固定在植被和土壤中的过程。

1）森林

森林是最大的陆地碳库，占陆生植被碳的 55％。森林通过光合作用吸收大气中的二氧化碳，并将其固定在植被或者土壤当中，主要储存到三个有机碳库：活植物碳库、土壤有机质碳库和死植物体碳库。森林碳库容量主要受其自身森林年龄、所处纬度、海拔及氮沉降的影响，中龄林碳累积速度最高，成熟林和过成熟林则基本停止碳累积；低纬度地区的热带森林、高纬度地区的针叶林、海拔更高的森林等，碳汇作用更大。

目前我国森林植被总量 183.64 亿吨，总碳储量 89.80 亿吨，在减排中发挥着重要作用。

2）草地

草地是陆地植被的重要组成部分，草地碳库由植物碳库和土壤碳库组成，草地碳储量约占陆地植被总碳储量的 25％。草地植被吸收大气中的二氧化碳合成有机物质，同时释放氧气，由于草地植被高度较低、植株间遮挡小，其光合作用效率更高。

我国现有草地面积约 3.8 亿公顷，有草原、草甸、草丛和草本沼泽四大类。

3）湿地

湿地是重要的碳汇场所之一。湿地的土壤多为泥炭地，其中积累了大量未被分解的有机物，能够有效吸收并储存二氧化碳。目前，占全球陆地面积 3％的泥炭地储存了陆地 1/3 的碳，是全球森林碳储总量的两倍。

目前我国湿地面积 8.04 亿亩，位居亚洲第一，世界第四。

4）农田

农田也是主要的碳汇来源。农作物通过光合作用吸收二氧化碳合成有机物，农田土壤比其他土地的固碳能力更优秀，都能实现有效储存空气中的二氧化碳。

我国现有 18 亿亩耕地资源，通过优化农业生产环节、减少化肥使用等可以有效提高农田的固碳能力。

（2）蓝色碳汇

蓝色碳汇也称海洋碳汇，是指利用海洋生物吸收大气中的二氧化碳，并将其固定在海洋中的过程、活动和机制。

蓝色碳汇是地球上最大的长期碳汇，对于减缓气候变化至关重要。红树林、海草床、滨海盐沼、大型海藻等都属于典型的蓝碳生态系统。海洋吸收了工业革命以来由人类活动导致的碳排放总量的三分之一。

海洋的碳循环主要依赖"海-气"界面交换、沉积作用、陆源输入和与邻近大洋的碳迁移等重要过程，惰性溶解有机碳是一种在海洋中特有的长期固碳形式，主要由海洋微生物碳泵产生。

> **知识链接**
>
> 惰性溶解有机碳是海洋中一种重要的固碳形式，固碳量大，储存时间长。现阶段固碳量占海洋有机碳量总量的 90％以上，其规模可与大气二氧化碳的总量相当，而且其储存时间可达 4000～6000 年，是一个稳定且规模巨大的碳汇库。
>
> 惰性溶解有机碳主要有两种形成方式：①海洋表层浮游生物从大气中吸收的颗粒有机碳在沉降过程中被海洋微生物转化为惰性溶解有机碳；②海洋微生物自己将海洋中的碳转化为惰性溶解有机碳。

（3）通过碳捕集等技术产生碳汇

碳捕集与封存技术也能形成碳汇，该技术将大型发电厂或生产工厂所产生的二氧化碳收集起来，并用各种方法储存以避免其排放到大气中。

碳捕集、碳利用与碳封存（CCUS），是指人工捕捉生产过程中排放的二氧化碳并进一步循环再利用或进行封存的技术。CCUS 技术由碳捕集、碳利用和碳封存三部分组成。

1）碳捕集

碳捕集是 CCUS 技术的第一个环节，是将工业生产、能源利用等过程中产生的二氧化碳分离出来的过程。根据技术流程，碳捕集技术主要分为燃烧前捕集、燃烧后捕集和富氧燃烧捕集三种。

> **知识链接**
>
> 燃烧前捕集：煤燃烧前，将煤通过反应得到一氧化碳和氢气，然后把一氧化碳转化为二氧化碳，再通过分离得到二氧化碳。
>
> 燃烧后捕集：将煤燃烧后产生的烟气分离，得到二氧化碳。
>
> 富氧燃烧捕集：将氮气和二氧化碳从空气中分离，得到高浓度氧气，再将煤充分燃烧后，捕捉二氧化碳。

2）碳利用

碳利用是指将捕集到的二氧化碳进行资源化利用的过程。在 CCUS 技术中，主要的利用方式包括地质应用、化工应用和生物应用等。

> **知识链接**
>
> 地质应用：是将二氧化碳注入天然气及石油等资源储层，可起到促进能源和资源开采的作用。最典型的是强化采油技术，可以使即将枯竭的油田再次开采出石油，同时将所有二氧化碳永久贮存在地下。

知识链接

　　化工应用：是通过化工工艺，利用高纯度二氧化碳生产特定的化工产品。例如制备合成气、合成甲醇等，但目前这些技术还处于基础研究阶段。

　　生物应用：是以二氧化碳为原料制作肥料用于生物质合成，可生产尿素、二氧化碳气肥等产品。

3）碳封存

　　碳封存是指将捕集到的二氧化碳运输到封存点进行集中封存的过程，主要有陆地封存和深海封存两种方法。根据相关估计，全球陆地封存的理论容量为 6 亿～42 亿吨，深海封存的理论容量为 2 亿～13 亿吨。

知识链接

　　陆地封存：是将二氧化碳注入地下 800～1000m 的不可开采煤层、深部咸水层和枯竭油气藏等。

　　深海封存：通常有两种方式：①将压缩后的二氧化碳气体通过固定管道或船只注入深海中，在深海的压力下实现封存；②将二氧化碳注入海底的沉积层中，将其封存在沉积层的空隙水下。

　　CCUS 技术是目前唯一能够实现传统化石能源行业深度碳减排的技术。根据国际可再生能源机构（IREA）预测，到 2050 年 CCUS 的年减排量将达到 27.9 亿吨，这说明 CCUS 技术在"碳中和"目标实现中具有重要作用。

　　截至 2020 年底，我国已建成且在运行的 CCUS 项目共 21 个，年封存量约 170 万吨。CCUS 有望在 2030 年后成为我国能源低碳转型的重要技术保障。《中国碳捕集利用与封存技术发展路线图（2019 版）》指出，预计到 2050 年，我国碳捕集量将接近 10 亿吨二氧化碳当量。

3.3.2　碳交易

　　1. 碳交易的发展

　　（1）碳交易定义

　　碳交易即温室气体排放权交易，是将温室气体排放权作为一种商品，一方可凭购买合同向另一方支付费用以获得既定量的温室气体排放权的行为。碳交易是减少全球二氧化碳排放所采用的一种市场机制。

　　《京都协议书》要求减排的六种温室气体中，二氧化碳为最大宗，因此，温室气体排放权交易以每吨二氧化碳当量为计算单位。

　　（2）碳交易类型

　　我国的碳交易分为两类：碳配额和碳减排。

1）碳配额

碳配额即碳排放权的配额，是强制实施指标，也是我国目前最重要的碳交易产品，主要用于火电相关企业。

碳配额由主管部门（我国是生态环境部）根据各级政府制定的某行业温室气体排放的总量上限，向企业发放配额，以许可证的形式授权或出售给企业。当企业实际排放量超过配额时，就必须到碳交易市场购买；而配额富余的企业则可以将多余的排放配额进行出售。

知识链接 -----------------------------------

《碳排放权交易管理办法（试行）》规定，全国碳排放交易市场的交易主体是"机构或个人"，尚不存在行政区划之间的碳配额交易。碳配额交易见图3-17。

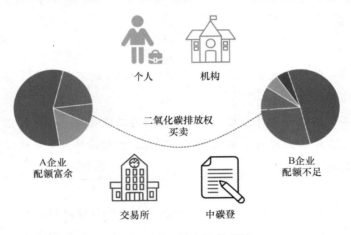

图 3-17　碳配额交易示意图

碳配额就市场通过设定碳排放价格，用利益调节机制促使企业增强减排的内在动力，同时推动投资者向清洁低碳产业进行投资，最终达成控制碳排放总量的目的。

在中国，全国碳排放权交易市场（CCETE）是碳配额交易的场所。2011年，北京、天津、上海等地开展碳排放权交易试点工作；2011年7月16日，CCETE正式启动，交易中心设在上海，采用挂牌协议转让、大宗协议转让及单项竞价三种方式进行交易。

2）碳减排

碳减排是指符合规定的减排项目，可以申请签发国家核证自愿（碳减排是自愿执行）减排量（CCER），用于获得额外收益。

知识链接 -----------------------------------

企业通常通过采用新能源（水电、光伏、风电）以及林业碳汇等方式自愿减排或者净化温室气体。企业提前向国家发展和改革委员会申报，经相关部门核验通过后即可获得CCER。碳减排交易机理见图3-18。

知识链接

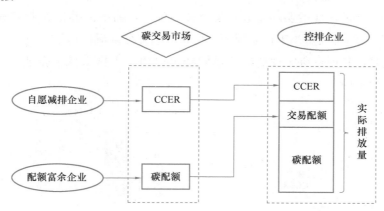

图 3-18 CCER 交易机理示意图

CCER 项目开发涉及能源工业、能源配送、废物处理、化工业等 16 个领域。CCER 可以在控排企业履约时用于抵消部分碳排放，不仅可以适当降低企业的履约成本，同时也能给减排项目带来一定的收益，促使企业由高碳生产转向低碳化发展。

截至 2021 年 6 月，我国碳市场累计配额成交量为 4.8 亿吨二氧化碳当量，成交额约为 114 亿元，碳配额成交价约为 50 元/t；我国自愿减排信息平台上共审定项目 2871 个、备案项目 867 个。

（3）碳交易项目案例

【案例 1】CCER 项目经济性测算

背景材料：位于东北某地区的 50MW 光伏电站，为 CCER 项目，该项目投资 5 亿元建设地面光伏电站，通过太阳能转化为电能，替代传统化石能源。项目年发电可利用小时数为 1300h，东北地区电网排放因子取 $0.7769\,t\,CO_2/MWh$，CCER 价格按照 20 元/t 估算，项目计入期按 20 年，试计算该项目的年收益和总收益。

【解】① 项目年发电量

年发电量＝装机规模×年发电利用小时数＝$50\times1300＝65000$（MWh）

② 项目年减排量

年减排量＝项目年发电量×排放因子＝$65000\times0.7769＝50498.5$（$tCO_2$）

注：排放因子是指 1kWh 电产生的温室气体排放量。

③ 项目年收益

年收益＝项目年减排量×CCER 价格 ＝ $50498.5\times20 ＝ 101$（万元）

④ 项目总收益

总收益＝项目年收益×项目计入期＝$101\times20＝2020$（万元）

【案例 2】 CCER 项目抵消机制

背景材料：企业 A 年度实际排放量超过初始配额，需要向其他企业购买多余配额或 CCER；企业 B 实际排放量小于初始配额，可将多余部分配额出售给企业 A；企业 C 的项目为 CCER 项目，其项目所实现的减排量同样可以用于出售来抵消企业 A 的配额清缴。碳交易流程见图 3-19。

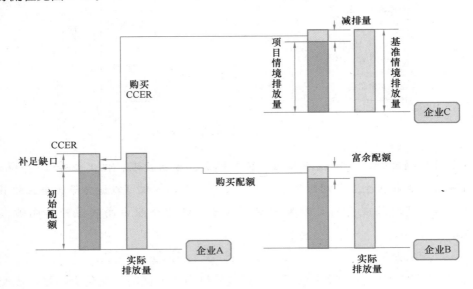

图 3-19　碳配额交易或 CCER 抵消交易图

2. 碳交易体系

目前世界许多国家都建立了自身的碳排放交易体系，但这些体系内部存在差别，并没有一个统一的体系能够在全球范围内实施。

（1）国外碳交易体系

目前世界范围内正在运行的碳排放交易体系共 21 个，覆盖了全球碳排放总量的 10%。其中欧盟、美国、韩国、新西兰等地的碳交易体系相对较为成熟。

1）欧盟碳交易体系

欧盟碳排放交易权交易体系是世界上第一个也是最大的跨国二氧化碳交易项目，是目前全球最成熟、交易规模最大的市场，也是全球范围内涉及排放规模最大、流动性最好、影响力最强的温室气体减排机制。

欧盟交易体系核心机制是总量控制和交易，区分行业和阶段、调整免费配额与有偿配额占比，现货、期货、远期等多种排放权交易形式并存，发展至今已较为成熟和完善。

2020 年，欧洲碳排放量约为 13 亿吨，交易量达 80 亿吨，占当年全球碳市场交易总额（2290 亿欧元）的 90%，涉及电力、工业以及航空部门的 11000 多个排放设施。

2）美国碳交易体系

美国的碳排放交易与欧盟迥然不同，美国没有全国统一的碳排放交易体系，只有区域性的减排计划。其中影响较大的是区域温室气体行动、西部倡议和加州总量控制与交易体系。

美国的区域性交易体系自由度较大，各州可以根据自身实际自主选择，但这种各自为政的局面，使其交易量无法与欧盟相提并论，交易区之间也存在兼容性等问题。

2020年美国的特斯拉公司出售碳排放积分，获得了15.8亿美元的营业收入，这得益于加州的碳交易市场建设，目前加州的碳交易市场已覆盖该州85%的温室气体排放。

3）韩国碳交易体系

韩国的碳排放权交易方式从大类上分属于基于配额的交易制度，主要涵盖发电等23个产业525家公司。

韩国的碳交易由政府主导实施，执行力有保障。韩国的《温室气体排放配额分配与交易法》规定，企业年总排放量高于12.5万吨二氧化碳当量，单一业务场所年温室气体排放量达到2.5万吨，都必须纳入碳交易系统。

2020年，韩国各种排放权交易产品总交易量超过2000万吨。韩国政府致力于引导企业自发减排，还引入第三方交易制度，鼓励金融企业和第三方机构参与。

4）新西兰碳交易体系

新西兰是亚太地区第一个启动碳排放权交易制度的国家，碳交易涉及林业、化石燃料业、能源业、加工业、农业等领域。

新西兰的碳交易体系除了专注国内市场外，还注重与其他交易体系的协调与衔接，允许本国企业在国际碳排放市场进行交易，兼容多种交易方式，保证了市场的灵活性。

（2）中国的碳交易体系

1）中国碳交易体系特点

① 全国交易系统与试点地区交易所相结合。中国于2013—2014年，在全国建成7个试点地区交易所，如今已从试点地区走向全国性碳交易市场。碳排放权交易必须向生态环境主管部门进行信息报告并接受其核查；配额交易也多采用公开竞价、协议转让等方式；各交易所对相关主体在一个履约周期内可使用的国家核证自愿减排量（CCER）约定了比例上限。

② 交易的主体是行业要求与排量要求相结合。只有属于全国碳排放权交易市场覆盖行业且年度温室气体排放量达到2.6万吨CO_2当量的排放单位，才可被列入国家温室气体排放单位名录，由国家分配碳排放配额，参与交易。此外，符合国家有关交易规则的机构和个人，也可通过申请及审核，成为全国碳排放权交易市场的交易主体。

③ 交易的标的采用交易配额与自愿减排量相结合。排放配额由生态环境部制定碳排放配额总量和分配方案，并分配到各重点排放单位。分配以免费的行政划拨为主，也可根据国家要求，适时引入有偿分配。自愿减排需要经过项目审定、注册、评审、检测、核查、核证、签发等流程，由政府批准备案后才可进入市场交易。

知识链接

《关于加强企业温室气体排放报告管理相关工作的通知》（环办气候〔2021〕9号）中列出了我国的八个重点排放行业名称，并在该文件的附件1中明确了对应的国民经济行业分类代码和类别名（重点排放行业见图3-20）。

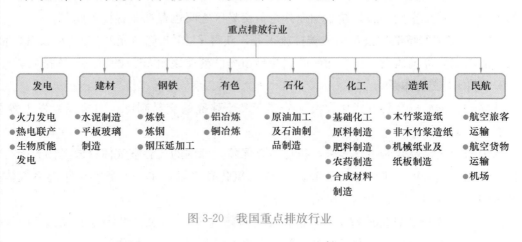

图 3-20 我国重点排放行业

2）中国碳市场发展历程

我国自 2011 年决定建立试点碳交易市场，主要经历了地方试点、全国市场准备、全国市场建设和完善三个阶段。

① 地方试点阶段（2011 年至今）。2011 年，《国家发展改革委办公厅关于开展碳排放权交易试点工作的通知》（发改办气候〔2011〕2601 号），确立两省五市（北京市、天津市、上海市、重庆市、深圳市、广东省、湖北省）共 7 个国内碳排放权交易试点。2013 年开始试点交易运行至今，积累了宝贵经验，为全国碳交易市场的建设奠定了良好的基础。

② 全国市场准备阶段（2013—2017 年）。2013 年 11 月，建设全国碳交易市场被列入全面深化改革的重点任务。2014 年 12 月发布的《碳排放权交易管理暂行办法》确立了全国碳交易市场总体框架。2017 年 12 月，《国家发展改革委关于印发〈全国碳排放权交易市场建设方案（发电行业）〉的通知》（发改气候规〔2017〕2191 号），标志着全国碳交易市场完成总体设计、正式启动。

③ 全国市场建设和完善阶段（2018—2021 年）。2018 年是全国碳交易市场的基础建设期，完成全国统一的数据报送系统、注册登记系统和交易建设系统。2019 年是模拟运行期，开展发电行业配额模拟交易，全面检测市场各要素环节的有效性和可靠性。2020年进入深化完善期，在发电行业交易主体间开展配额现货交易，交易权以履约为目的。2021 年 7 月 16 日，全国碳交易市场正式开市。

根据 2030 年"碳达峰"目标，全国碳交易市场将逐步完善。在发电行业碳交易市场稳定运行的前提下，逐步扩大市场覆盖范围，丰富交易品种和交易方式，并将探索开展碳排放初始配额有偿拍卖、碳金融产品引入以及碳排放交易国际合作等。

2030 年碳排放达峰以后，我国碳市场将从服务于碳强度下降目标转向服务于碳排放绝对量下降目标。预计碳配额的稀缺程度将进一步提高，碳市场的价格、初始配额的有偿比例将进一步提高，碳金融产品的产品种类、市场规模等将进一步增强，国际合作的深度与广度将进一步加大。

3. 碳交易市场交易价格

（1）碳交易市场的碳价水平

2021 年 7 月 16 日，我国全国碳交易市场正式启动交易，环比分析我国及国际碳交易市场的碳价水平。

1）中国碳交易市场

根据上海环境能源交易所的统计，截至 2021 年 7 月 31 日，累计成交量 595.2 万吨，累计成交额 29958.5 万元，平均价格 50.3 元/t。2021 年 7 月 16—31 日，最高为 61.07 元/t，最低为 48 元/t。

2）欧盟碳交易市场

2021 年 7 月，欧盟碳市场价格整体呈现先降后升趋势。根据欧洲气候交易所的公开数据，碳配额交易价格最高为 57.87 欧元/t，最低为 50.79 欧元/t。

3）美国碳交易市场

2021 年第二季度，美国区域温室气体 RGCG 的碳配额拍卖价平均为 7.97 美元/t，美国加州-魁北克碳市场的碳配额拍卖价平均为 18.82 美元/t，分别比上季度上涨了 4.9% 和 5.6%。

（2）影响碳交易市场交易价格的因素

碳交易市场交易主体涉及多个行业，交易过程涉及多项规则，市场价格受多重因素影响，其中最重要的影响因素包括供需情况、政策制度、能源价格、技术发展等方面（图 3-21）。

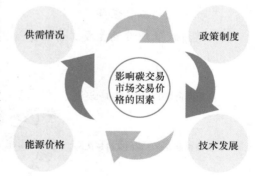

图 3-21　影响碳交易市场交易价格的因素

1）供需情况

供需情况是影响碳交易市场价格最直接的因素。当供过于求时，配额购买主体拥有更多选择余地，在市场中占据相对主动的地位，市场价格呈现下降趋势；与此相反，供不应求时，配额售卖方占据主动，市场价格随之上涨。

2）政策制度

政策制度是影响碳交易市场价格的重要因素：①配额总量目标，政府根据当年减排、控排目标确定配额总量，总量的大小直接决定碳交易市场的总体供给量，进而影响市场价格。②配额分配方式，即免费和有偿分配的比例关系，如果免费配额比例过高，企业减排压力小，碳排放权购买需求降低，市场整体活跃度不足，市场价格也随之下降。③清缴追责方式，如果企业未足额清缴碳排放配额的罚款过低，企业超额排放部分购买碳配额的动力不足，同样难以激活市场的活跃度。

3）能源价格

能源价格通过影响企业的生产行为间接影响碳交易市场价格。能源价格的上涨将提高企业的生产成本，压缩企业的利润空间，降低企业生产动力，减少企业排放需求，进而对碳交易市场价格产生影响。

4）技术发展

科学技术通过降低总体排放需求影响碳交易市场价格。碳捕集与封存、化石能源替代、新能源开发利用等技术的不断发展，将逐步减少企业生产经营活动的碳排放量，进而促进碳交易市场价格下降。同时，碳交易市场价格也是影响相关技术发展的重要因素，碳交易市场价格的上涨将进一步增加企业的生产成本，促进企业发展相关减排技术以减少自身排放量。

📢 **知识链接**

"碳排放管理员"新职业。2021年3月，人力资源社会保障部会同国家统计局、国家市场监督管理总局公布的18个新职业中，包含了"碳排放管理员"这一职业。

（1）定义

碳排放管理员是指从事企事业单位二氧化碳等温室气体排放监测、统计核算、核查、交易和咨询等工作的人员。

（2）主要工作任务

碳排放管理员的主要工作任务如图3-22所示。

1.监测企事业单位的碳排放现状　　　　2.统计核算企事业单位的碳排放数据

3.核查企事业单位的碳排放情况　　　　4.出售、抵押企事业单位的碳排放权

5.企事业单位的碳排放咨询服务

图3-22　碳排放管理员的主要工作任务

（3）工种

本职业包含但不限于下列工种：碳排放监测员、碳排放核查员、碳排放核算员、碳排放咨询员、碳排放交易员和民航碳排放管理员。

本 章 小 结

　　本章讲述了我国构建清洁低碳能源体系的必要性与可行性；提出了建筑领域的低碳实施路径；阐述了碳汇方式、碳交易体系和碳计算方法。要求学生熟悉建筑全生命周期的低碳路径，会进行碳排放计算，能坚持绿色低碳生活方式。

本 章 习 题

一、单项选择题

1. 国家提倡的夏季空调温度是(　　　)。

A. 24℃　　　　　　　　B. 25℃　　　　　　　C. 26℃　　　　　　　D. 27℃

2. 合理的节能着装包括(　　　)。

A. 夏天穿西装打领带　　　　　　　　B. 秋冬两季加穿毛衣

C. 冬天女士穿裙子　　　　　　　　　D. 冬天男士穿衬衫

3. 以下(　　　)属于正确的环保节能习惯。

A. 用电子邮件代替纸质信函　　　　　B. 纸张单面打印、复印

C. 使用塑料袋用品　　　　　　　　　D. 用含苯的胶水、修正液

4. 热水供应的温度一般设置在(　　　)以下为宜。

A. 30℃　　　　　　　　B. 45℃　　　　　　　C. 60℃　　　　　　　D. 80℃

5. 1 度电相当于(　　　)。

A. 家用冰箱运行 3 天　　　　　　　　B. 普通电视机持续开 1 天

C. 25W 的灯泡连续点亮 40 小时　　　D. 将 20L 的水烧开

6. 关于空调使用错误的做法是(　　　)。

A. 空调过滤网不宜经常清洗

B. 尽量选用节能、变频产品

C. 将风扇放在空调内机下方，利用风扇风力提高制冷效果

D. 空调不使用时应关闭电源，将电源插头拔掉

7. 我国水资源总量为 2.8 万亿立方米，居世界第(　　　)位。

A. 一　　　　　　　　B. 二　　　　　　　　C. 三　　　　　　　　D. 四

8. 我国人均水占有量仅 2300 立方米，是世界人均占有水量的(　　　)。

A. 1/2　　　　　　　　B. 1/3　　　　　　　　C. 1/4　　　　　　　　D. 1/5

9. 下列属于绿色食品的是(　　　)。

A. 蔬菜，水果　　　　　　　　　　　B. 绿颜色的食品

C. 安全无污染食品　　　　　　　　　D. 有丰富营养价值的食品

10. 下列属于可以分类回收、循环再生垃圾的是（　　）。

A. 回收废塑料　　　　B. 回收剩饭　　　　C. 回收废纸　　　　D. 回收生物垃圾

二、填空题

1. 一棵生长了 50 多年的大树大约能生产出____双筷子。

2. 液晶屏幕的功率大概是____W。

3. 选用无磷洗衣粉最主要的原因是____。

4. 世界环境日是每年的____。

5. 大自然中口香糖的分解约需要____年。

6. 城市垃圾处理方法有____、____和____三种。

7. 汽车尾气中有 150～200 种有害气体，主要有____、____等。

三、判断题

1. 白天在公共场所应尽量采用自然光照明。　　　　　　　　　　　　　　（　　）

2. 走廊、通道及办公区内的道路等照明需求采用 80W 左右的灯泡。　　　（　　）

3. 干电池应排序分段使用，先用于手电筒，再用于普通收音机。　　　　（　　）

4. 饮水机内部水垢会影响电热盘传热效率，增加耗电量。　　　　　　　（　　）

5. 在公司内部宜使用网络共享来代替日常的通知及文件。　　　　　　　（　　）

6. 接在电脑上的 USB 或其他设备不会消耗电能。　　　　　　　　　　　（　　）

7. 一颗纽扣电池产生的有害物质，可污染 60×10^4 L 水，相当于一个人一生的用水量。

（　　）

8. 将空调设置在除湿模式，即使室温稍高也能感觉凉爽，且比制冷模式省电。　（　　）

9. 尽量为每盏灯设置开关，使灯具可以单开单关，避免不必要的电力浪费。　（　　）

10.1 棵树 1 年可吸收二氧化碳 18.3kg，应提倡植树造林。　　　　　　　（　　）

四、简答题

1. 写出你在日常生活中的低碳小窍门。

2. 写出你知道的建筑节能策略。

4 建筑行业碳达峰和碳中和典型案例

教 学 目 标

知识目标

1. 熟悉近零碳建筑、零碳园区、零碳社区、绿色低碳改造、低碳运行管理定义；
2. 了解近零碳建筑、零碳园区、零碳社区、绿色低碳改造、低碳运行管理典型案例；
3. 了解各案例实施效果。

能力目标

1. 能够陈述近零碳建筑、零碳园区、零碳社区、绿色低碳改造项目、低碳运行管理建设路径；
2. 能够简略描述各案例主要实施做法。

思政目标

1. 了解建筑行业碳达峰和碳中和对人民生活环境的影响及重要性；
2. 了解我国建筑行业碳达峰和碳中和采用的先进技术，树立专业自信心和民族自豪感；
3. 具备为改善人民生活环境而奋斗的责任意识。

建筑行业在我国碳排放总量中占据了很大比重，根据中国建筑节能协会发布的《2022中国建筑能耗与碳排放研究报告》显示，2020 年全国建筑全过程碳排放总量为 50.8 亿吨二氧化碳，占全国碳排放总量的 50.9%。因此，在我国"双碳"目标下，建筑节能变得愈发重要，近零碳建筑、零碳园区、零碳社区、绿色低碳改造项目和低碳运行管理也将是建筑行业碳达峰和碳中和发展的重要目标。

4.1 近零碳建筑

在全球气温上升、生态环境恶化及能源危机等一系列全球性问题的背景下，国际社会加快了节能减排的各项进程，近零碳排放建筑逐步成为世界主要国家建筑节能的发展方向。

4.1.1 定义

近零碳建筑是指建筑物通过适应气候特征和场地条件，通过被动式建筑设计最大幅度降低建筑对能源的需求，运行过程中全电化，不使用燃气，建筑排放的碳量处于较低水平。近零碳建筑不仅利用各种手段减少自身产生的碳排放，还收集并再利用雨水、充分利用太阳能等可再生能源，最终达到"零废水、零能耗、零废弃物"的理想状态。

除近零碳建筑外，《零碳建筑认定和评价指南》T/CASE 00—2021还提出了零碳建筑的概念。零碳建筑是指充分利用建筑本体节能措施和可再生能源资源，使可再生能源二氧化碳年减碳量大于等于建筑全年全部二氧化碳排放量的建筑，其建筑能耗水平应符合现行国家标准《近零能耗建筑技术标准》GB/T 51350—2019相关规定。但零碳建筑在实现上还较困难且成本较高，因此目前仍以近零碳建筑为主。

4.1.2 建设路径

近零碳建筑以建筑单体近零碳排放目标为基础，采用低耗能策略实现最小化的能源消耗、采用高产能策略实现最大化的能源获取，进而扩展到更大范围的平衡，从而实现耗能与产能平衡的"零"能耗目标。

近零碳建筑建设路径主要包括：提升围护结构热工性能与气密性、被动式建筑设计优化节能、提高能源设备系统能效等低耗能技术与设计，能源回收利用、可再生能源利用等高产能技术，共同建构起近零碳排放建筑技术框架（图4-1）。具体建设路径如下：

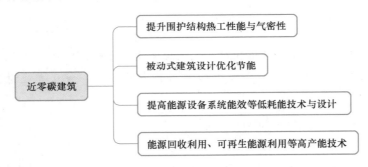

图4-1 近零碳建筑技术体系

（1）提升围护结构热工性能与气密性是近零碳建筑的基本要求。围护结构构成了建筑物的气候边界，光、热、空气等通过围护结构进行传递，高性能围护结构可以使建筑能耗总体降低22%以上。

（2）被动式建筑设计是节能研究持续关注的重点，也是优化建筑性能的重要方法和节约能源的首选途径，具体体现在自然采光与遮阳、自然通风等。自然采光和通风因其最节约能源，成为被动式设计的首选策略，形式有侧窗采光、反射采光、百叶窗、屋顶采光、天窗采光等，可降低建筑能耗20%～30%。

（3）能源设备系统服务建筑运行和保障室内舒适度，常称为主动式系统，普遍采用包括暖通空调、人工照明、插座设备及楼宇公用设备等在内的电能消耗作为计量范围。研究显示：暖通空调、电气照明分别占建筑总能耗的 40％～60％和 20％～30％，占比最高、节能潜力巨大。

（4）应用可再生能源是近零碳排放建筑的必然选择，到 2050 年可再生能源可以满足 139 个国家的用电需求，中国届时预计将有 62％的能源需求和 86％的用电需求来自可再生能源。而可再生能源相关种类中使用频率最高的是太阳能，其次是风能和地热能。

4.1.3 典型案例——中国建筑科学研究院示范楼

1. 案例概况

中国建筑科学研究院近零能耗示范楼（以下简称"示范楼"）示范面积为 4025m²，主楼地上 4 层，附楼地上 2 层（图 4-2）。项目设计定位面向中国建筑节能技术发展的核心问题，集成展示世界前沿的建筑节能和绿色建筑技术，力争打造为中国建筑节能科技未来发展的标志性项目。

图 4-2 中国建筑科学研究院示范楼俯瞰全景图

2. 特点

坚持"被动优先、主动优化、经济实用"的原则，以先进建筑能源技术为主线，以实际数据为评价，集成展示世界前沿的建筑节能和绿色建筑技术，为中国近零能耗建筑工作的开展进行探索、研究和示范。

3. 主要实施做法

（1）主要实施内容

从围护结构、供冷供暖、末端、可再生能源、智能控制和其他共六个方面打造近零碳建筑，具体构建内容见图 4-3。

（2）部分技术与管理模式

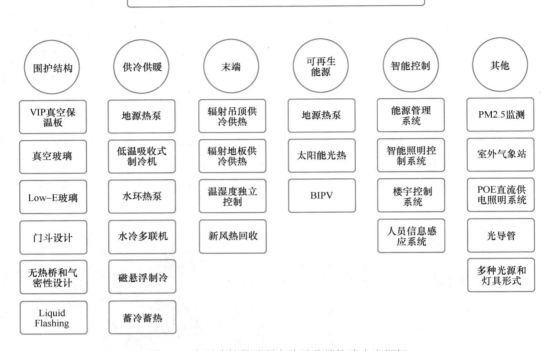

图 4-3　中国建筑科学研究院示范楼构建内容框架

示范楼设立了"全年空调、采暖、照明能耗低于 $25 kWh/m^2$，冬季不使用传统能源供热，夏季供冷能耗降低 50%，照明能耗降低 75%"的建筑能耗控制指标。

围护结构：示范楼围护结构采用外挂超薄真空绝热板外墙外保温系统，将无机保温芯材与高阻隔薄膜通过抽真空封装技术复合而成，防火等级达到 A 级。围护结构采用三玻真空 Low-E 铝包木窗，外窗设置电动百叶遮阳帘，可根据室内外环境变化，自动升降百叶、调节遮阳百叶倾角。为最大程度减小冷风渗透，北向外门采用特殊的门斗设计，西侧设置双层门，每层门为双重断热桥铝合金门，双层中空玻璃，并设置闭门器。

供冷供暖和末端：示范楼夏季制冷和冬季采暖采取太阳能空调和地源热泵系统联合的形式（图 4-4、图 4-5）。一层采用水冷多联空调机组，由地源水系统提供冷热源；二层和三层分别采用温湿度独立控制系统，房间空调末端分别采用顶棚辐射和地板辐射；四层会议室采用水环热泵机组，根据室内需求供冷和供热，办公室采用水冷多联空调机组。全楼每层均设置热回收新风机组，新风经处理后送入室内，承担室内潜热负荷和部分显热负荷。新风系统运行由室内 CO_2 浓度控制，当室内 CO_2 浓度高于设定值时，新风系统启动。

可再生能源：示范楼屋顶设有光导管，通过采光罩高效采集室外自然光，从黎明到黄昏，室内均可保持明亮。室内照明采用高效 LED 灯具，并配置智能控制系统，与占空传感器、照度传感器和电动百叶遮阳帘联动，可根据室外日照和室内照度的变化，调整室内光源功率，在降低室内空调负荷与利用自然采光之间寻求最大的节能空间。

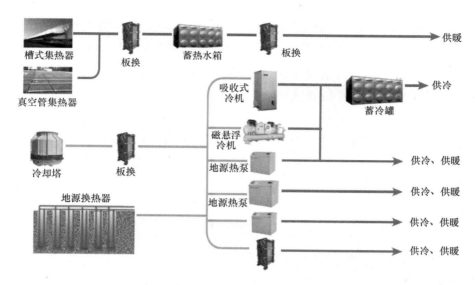

图 4-4　示范楼暖通空调系统简图

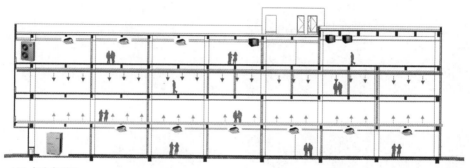

1层:水冷多联机
2层:地板辐射供冷供热
3层:辐射供冷供热
4层:水冷多联机,水环热泵

图 4-5　示范楼各楼层空调系统末端设计

智能控制：集成多个先进楼宇控制系统，搭建智慧建筑能源管理平台，对建筑的能源、暖通空调、室内环境、照明、电梯等多个系统进行实时监测、控制和管理，并编制了建筑运行使用手册，强化节能运行和规范化管理理念。例如，空调开启时避免开窗，室温设置限制，人走灯灭等。

4. 实施效果

（1）节能减排效果

示范楼年节约电能约为 33.01 万千瓦时。按照华北区域电网 CO_2 排放因子为 0.8843 $kgCO_2/kWh$ 进行计算，示范楼每年的 CO_2 减排量约为 291.91t，按照项目使用寿命为 50 年计算，CO_2 总减排量约为 14595.37t。

（2）经济效益

相比于普通公共建筑，示范楼总增量成本约为 330 万元，单位建筑面积的增量成本约为 800 元/m²。以普通公共建筑的运行能耗 120kWh/(m²·a) 为基准，示范楼运行能耗约为 37.9kWh/(m²·a)，年运行能耗远低于普通公共建筑能耗水平，每年可节约运行费用 33 万元，总增量成本可在 10 年内回收，经济效益显著。

（3）社会效益

示范楼以国际化视野推动建筑可持续发展，树立中国零能耗建筑新坐标，引领中国建筑节能事业发展新航向，推动建筑节能相关产业发展，全面助力国家"双碳"目标的实现。

5. 特色展示

示范楼节能特色如图 4-6 所示。

(a)

(b)

(c)

(d)

图 4-6　中国建筑科学研究院示范楼特色展示

（a）示范楼智能照明控制系统（一）；（b）示范楼智能照明控制系统（二）；

（c）三玻真空 Low-E 铝包木外窗内置电动百叶遮阳系统；（d）室内 PM2.5 探测器和室内温湿度探测器

4.2　零碳园区

园区是产业集聚发展的核心单元，也是我国推进新型城镇化、实施制造强国战略最重要、最广泛的空间载体，成为我国实现"双碳"目标必须牢牢抓住的关键环节。作为先进要素高度集聚、创新活动蓬勃发展的产业活动主要载体，各类园区将在"双碳"目标实践中发挥至关重要的作用。

4.2.1　定义

《零碳智慧园区白皮书（2022版）》指出，零碳园区建立在数字化全面赋能的智慧园区基础之上，数字化手段贯穿零碳园区建设和运营的全过程。数字化、智能化也成为零碳园区的基本特征，因此零碳园区一定是智慧园区。零碳园区和零碳智慧园区为同一概念。

零碳智慧园区是指在园区规划、建设、管理、运营全方位系统性融入碳中和理念，依托零碳操作系统，以精准化核算规划碳中和目标设定和实践路径，以泛在化感知全面监测碳元素生成和消减过程，以数字化手段整合节能、减排、固碳、碳汇等碳中和措施，以智慧化管理实现产业低碳化发展、能源绿色化转型、设施集聚化共享、资源循环化利用，实现园区内部碳排放与吸收自我平衡，生产生态生活深度融合的新型产业园区。

4.2.2　建设路径

1. 规划与建设

（1）既有园区

对于现有园区的零碳化改造，需要针对现有产业结构，构建碳核算模型，进行全量碳数据汇总，确定零碳目标和线路图。首先，对全园区碳排放基础数据进行全面摸底，做好碳排放数据统计和核查等基础工作，深入了解自身的碳排放情况。其次，在园区碳排放统计和核查的基础上，推进"碳达峰"测算，科学估算碳达峰目标值和达峰期限。梳理出潜在的减排途径，并对不同减排途径的减排潜力、减排成本和减排效益等进行详细评估和测算。最后，根据碳达峰目标值和测算结果，结合自身具备的能源转型、应用转型、数字化转型三大核心能力，科学选择碳中和路径，明确减排目标、重点任务、重点措施等事项，并制定分年度、分领域的详细减排时间表，形成精细化的碳排放控制计划和实施方案，以确保减排目标切实可行。

根据园区碳排放碳达峰行动方案，完善空间布局，加强低碳基础设施建设，对园区用水、用电、用气等基础设施建设实施低碳化、智能化改造。一方面，推广新能源和可再生能源使用，鼓励在建筑、生活设施中使用可再生能源利用设施，包括如分布式光伏发电系统、风光互补路灯、智能充电桩等；另一方面，对园区采暖、空调、热水供应、照明、电器等基础设施应进行节能改造，提高能源利用效率。

（2）新建园区

对于新建园区，在园区定位、产业选择、空间布局等层面依据碳中和理念与数字融汇赋能的城市高质量发展空间的愿景目标统筹规划，基于创新成长、绿色高效、以人为本的建设理念，进行一体化的零碳智慧园区建设规划。坚持绿色、低碳、循环发展原则，研究制定园区碳排放碳达峰行动方案，并全面考虑零碳能源体系、零碳建筑体系和零碳交通体系的布局，因地制宜规划园区可再生能源（风电、光伏、地热等）区域，充分利用已有规划设计蓝图布局新能源发电以及能源存储转化系统，合理规划充电桩和新能源车位。

2. 运营

通过智慧园区体系，对园区内水电、光伏、储能等各类能源数据进行全面管理及趋势分析，整合碳管理模块，建设零碳操作系统。基于零碳操作系统，利用大数据、云计算、边缘计算和物联网等技术对采集数据进行聚类、清洗和分析，建立企业范围内的资源－能源平衡模型，并设定评价指标体系，结合统计分析、动态优化、预测预警、反馈控制等功能，实现企业能源信息化集中控制、设备节能精细化管理和能源系统化管理，降低设备运行成本，提升能源利用效率。

4.2.3 典型案例——上海崇明第十届中国花卉博览园

1. 案例概况

上海崇明 2021 年"第十届中国花卉博览会"（简称花博会）规划范围总面积约 $10km^2$（图 4-7）。

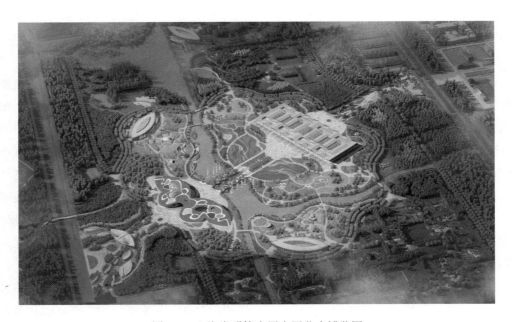

图 4-7 上海崇明第十届中国花卉博览园

2. 特点

花博园主入口通过一系列仿生结构体系，将传统的膜结构体系转化为纯钢结构外挂柔性幕墙的结构体系，用现代技术展现出自然界的生态形式；自建碳中和林，运用数字化手段，开发使用"花博会苗木三维信息化管理系统"，对园区 7 万余棵苗木进行全生命周期管理；通过多技术融合，将 BIM＋GIS 模型中包含的大量数据信息与二维码等技术融合，实现项目整体数字化。

3. 主要实施做法

（1）主要实施内容

依托低碳布局、低碳能源、低碳建筑、低碳交通、资源再生等的协调互动，实现对建筑全生命周期碳足迹数据的动态度量、延伸控制与溯源核查。通过自建碳中和林、购买国家自愿减排量，花博会园区全面抵消因新建主展区、花博会展期运行产生的建材碳、建造碳和运行碳，实现整个花博会筹备、举行和收尾三个阶段的全部碳中和。

（2）部分技术与管理模式

自建碳中和林：碳中和林通过从空气中吸收并存储二氧化碳，将其固定在林木或土壤中，从而减少大气中的二氧化碳浓度，消纳花博园二氧化碳排放量。景观植物遵循"适生适种"原则，公共区域采用大量本地物种，构建乔、灌、草复层绿化布局，提高场地内生物量密度，保证生物多样性，充分发挥植被固碳的优势效果。绿化面积总计约 125 万平方米，预计碳减排能力 120～150t/（公顷/年）。

运用数字化手段管理苗木生长：开发使用"花博会苗木三维信息化管理系统"，对园区 7 万余棵苗木进行全生命周期管理。且通过多技术融合，将 BIM＋GIS 模型中包含的大量数据信息与二维码等技术融合，实现项目整体数字化。盛夏季节，碳中和林中的温度可比周边场地降低 3～5℃，改善园区热岛效应。

降低材料直接或间接产生的碳排放：园区建设材料的 60％ 使用本地材料，可循环材料占比达 20％（按成本计）。绿化垃圾全部进行资源化回收利用。

降低热岛效应、改善园区微气候：园区 50％ 的硬质场地采用浅色铺装或植被遮阴，采用大量低影响开发海绵设施，实现对雨水的渗透、过滤、处理及管控，避免对土壤生态及地下水环境的破坏，实现年径流总量控制率达到 80％。

水资源综合利用：研究花博园区及周边区域水资源、水生态现状，糅合多种技术措施修复花博园区内原严重退化的水生态系统，提升水质标准，提高水体透明度。修复率达 100％，水域面积总计约 28 万平方米，水面率 10％，实现Ⅲ类水水质标准，室外景观灌溉节水率达 50％。

建筑生态设计：主入口应用仿生钢结构体系，用钢量可减少三分之二。复兴馆屋顶布置太阳能光伏发电，20 年寿命期内每年减少碳排放量 100t；世纪馆大覆土建筑具有节能保温性能；竹藤馆立面采用竹钢复合材料。

改善建筑光环境和热环境，降低综合能耗：通过景观设计和竹藤构架，温度在夏季下降 0.2～0.6℃。充分采用采光井、天窗和中庭设计，引入天然光线满足公共区域观赏植物生长需求。

舒适与节能并行：园区采用优化空调末端风口布局及分区分层控制等措施，营造室内环境热湿舒适；采用节能型低频闪 LED 灯具，优选灯具显示指数、统一眩光值等性能，满足展陈及游客生理节律照明要求。

绿色运营：采用消费者责任核算原则，对建筑全生命期碳足迹全面追踪。展期家具全部采用租赁形式，循环利用；餐具、纸巾等全部采用可降解材料。设立花博会资源循环利用中心，有机废弃物全部生物降解为有机肥料。此外，园区提供新能源公交巴士。

4. 实施效果

节能减碳效果：采用新建碳汇林，抵消花博会筹备阶段和收尾阶段（建造）产生的碳排放总量，总计约 15.22 万吨；采用在上海环境能源交易所购买碳配额或碳信用，抵消花博会举行阶段产生的碳排放总量，总计约 1.27 万吨。

经济效益：花博会自建 7 万多株乔木林，面积约 125 公顷，相当于为 14.7 万人新增公园绿地。此外，至 2040 年，园区自建中和林的新增净碳汇量可达 18.2 万吨，足以抵消花博会筹备和收尾阶段的碳排放总量。

社会效益：本届花博会的总体目标是立足国际视野、国情适宜，打造健康生态、环境友好的绿色低碳博览会。其作为中国第一个"展期碳中和＋园区碳中和"的双碳达标最佳示范案例，获得上海环境能源交易所颁发的碳中和证书，将起到示范引领作用，提高全社会对"碳中和"的感知度。同时也为今后国内承办大型展览会博览项目提供了成功实践和低碳思路，起到示范表率作用。

5. 特色展示

上海崇明第十届中国花卉博览园特色展示如图 4-8 所示。

(a)   (b)

(c)   (d)

图 4-8　上海崇明第十届中国花卉博览园特色展示
（a）乔木林；（b）林间栈道；（c）玻璃天窗；（d）水景

<h2 style="text-align:center">4.3 零碳社区</h2>

社区是居民生活的主要场所，是城市有机体组成的基本单元，也是碳排放活动的重要空间载体。因此，零碳社区建设成为应对气候变化的重要环节之一。

4.3.1 定义

零碳社区是指在社区内发展绿色建筑，创新低碳技术，倡导绿色生活，构建高效、节能、循环利用的体系，通过碳减排和碳中和措施，在社区的建造、改造、运营的各个阶段实现区域内二氧化碳净排放量小于或者等于零的社区。

4.3.2 建设路径

1. 激活零碳细胞

社区应激活零碳细胞以重新定义人与碳的关系，提升个人对零碳生活的接受度，引导居民选择零碳生活方式。为激活零碳细胞，社区宜：

(1) 建立基于大数据和人工智能支撑的个人碳中心，对居民的碳足迹、碳账户、碳管理、绿色出行等进行碳账本管理。

(2) 将碳数据可视化，开发碳积分、碳商城，引导居民积极参与社区碳活动，引导低碳生产生活模式和行为习惯，实现居民个体零碳。

(3) 综合考虑社区居民的生活习惯和对低碳技术、产品的接受程度。

(4) 充分考虑边缘化群体、低收入人群的需求，为社区内所有居民提供真正公平的减碳解决方案。

(5) 在零碳社区规划设计时，将为居民提供舒适、便捷、美观的生活作为出发点。

2. 改造零碳单元

社区应意识到零碳单元是零碳细胞的组成部分，是零碳细胞与社区工作生活场景的融合通道。为改造零碳单元，社区宜：

(1) 对社区进行碳盘查，识别本社区内的重要零碳单元。

(2) 对社区碳源分布、碳排放实时监测，分析形成不同零碳单元的碳排放清单，打造动态的碳大数据管控能力。

(3) 针对不同零碳单元制定不同的减碳路径和方法，并实施有效的碳中和方案，最大化减少社区自身的碳排放。

(4) 改造零碳单元的过程不宜过度依赖低碳技术的简单堆砌，宜立足于社区气候特征、产业发展阶段和使用者的需求综合考虑。

(5) 建立与技术预判、技术更新相匹配的运营模式，将零碳技术模块化，应对技术更新的需求，持续减少社区碳排放。

3. 构建零碳场景

社区应意识到零碳场景是不同零碳细胞、零碳单元的集合，对内是社区自身的零碳化，对外是社区与外部资源环境的有机融合，和谐共生。为构建零碳场景，社区宜：

（1）以社区可持续发展为导向，结合零碳社区建设，对社区的能源、生态、产业、公共设施、公众生活、文化传承等制定一揽子解决方案。

（2）统筹考虑社区与外部的能源、碳排放流动和管理。

（3）在零碳社区建设起始阶段，邀请政府、资金方、标准方、设计方、建筑商、开发商、运营商等相关方，共同讨论社区构想，为社区建造运营中的各种问题提供解决方案。

（4）立足生活、工作等不同场景，对碳减排目标和进展进行定期跟踪、监测、调整和优化，在精确数据分析的基础上，不断优化碳减排目标和措施。

4.3.3 典型案例——高碑店市列车新城一期

1. 案例概况

高碑店市列车新城一期（以下简称新城一期）规划用地面积 13.46 万平方米，地上建筑面积 33.64 万平方米，地下建筑面积 15.53 万平方米（图 4-9）。建设场地用途及性质为住宅，建筑类别包括低层、多层、高层住宅及配套公建。本项目为全球范围内体量最大的超低能耗三星级绿色建筑园区。园区内住宅项目供暖设计能耗仅为普通建筑能耗的 11.8%，幼儿园设计能耗仅为常规建筑能耗的 40%。

图 4-9　高碑店市列车新城一期

2. 特点

新城一期针对寒冷气候区设计了超低能耗绿色建筑施工成套技术，对可能产生热桥的部位进行了优化设计，并基于动态规划开发了超低能耗绿色建筑性能化优化设计工具，实现了大量达标方案快速寻优，选取经济性最优的技术方案。室内采用高效全热回收除霾新风一体机，提供冷、热与新风，与室内 CO_2、污染物及颗粒物浓度联动控制，个性化可调。保证在供应充足新风的同时回收大部分排风能量，降低供暖和制冷负荷。

3. 主要实施做法

（1）主要实施内容

新城一期采取符合项目气候特点和用户使用习惯的暖通空调系统方案设计，采用分户式冷、热、新风一体机，借助空气源热泵充分利用可再生能源，满足舒适度需求的同时也方便用户端灵活调控。实现了从传统燃煤、燃气供暖等高排放方式向清洁能源供暖模式的转变。

（2）部分技术与管理模式

超低能耗绿色建筑施工成套技术：针对新城一期开发了适用于寒冷地区的屋面保温防水、管道穿墙保温及气密性、地上外墙保温、管线穿墙气密性及无热桥处理等成套超低能耗做法及施工技术，实现了外保温、外窗安装的安全牢固性，屋面保温、防水工程及雨水排水系统的耐久性、地下外墙防水系统的安全耐久性等。

高效新风热回收系统：采用高效全热回收除霾新风一体机提供冷、热与新风，机组能效指标较国家标准提升幅度大于 6％。高效热回收系统可以保证室内在供应充足新风的同时回收大部分的排风能量，降低新风导致的供暖和制冷负荷。

超低能耗绿色建筑运行效果后评估：典型层及典型户设置了分项计量装置，对冷热源系统能耗、照明、插座及生活热水能耗设计了单独计量条件。此外，每户设有温湿度、CO_2、PM2.5 及能耗监测系统，可以方便用户及时掌握室内环境质量及空调系统运行情况。

4. 实施效果

节能减碳效果：新城一期项目围护结构采用超低能耗绿色建筑技术体系，采暖采用空气热源泵与燃气锅炉供暖相比，节约燃气量 216 万立方米。将项目运行节约的电量换算成标煤，折合标煤 2427t/a，每年可减少 CO_2 排放量约 5970.5t。

经济效益：项目实际节约能源折合电量 950 万千瓦时，按照每度电 0.5 元计算，年节约费用为 457 万元。

社会效益：居住者通过使用超低能耗绿色住宅获得更高的舒适性体验以及节约使用成本，使得节能减排的责任意识深入人心，促进全社会树立节能环保从我做起的良好风尚。

5. 特色展示

高碑店市列车新城一期特色展示如图 4-10 所示。

(a)　　　　　　　　　　　　　　　　(b)

图 4-10　高碑店市列车新城一期特色展示（一）

（a）具有良好室外风环境的雨水花园；（b）具有蓄水功能的下沉式绿地

(c)

图 4-10 高碑店市列车新城一期特色展示（二）

（c）小区水景

4.4 绿色低碳改造项目

4.4.1 定义

绿色低碳改造是指为降低建筑能源消费总量和碳排放强度，提高能源使用效率，对既有建筑采取提升围护结构热工性能与气密性、被动式建筑设计优化节能、提高能源设备系统能效等技术措施进行改造的过程。

4.4.2 建设路径

对既有建筑，除违法建筑和经鉴定为危房且无修缮保留价值的建筑外，不大规模、成片集中拆除现状建筑。既有建筑绿色低碳改造应结合建筑自身特点进行。例如，在严寒及寒冷地区，结合北方地区冬季清洁取暖工作，对建筑用户侧能效、供热管网保温及智能调控改造；在夏热冬冷地区，适应居民供暖、空调、通风等需求，对既有居住建筑节能进行改造，提高建筑用能效率和室内舒适度；在城镇老旧小区改造中，加强建筑节能改造，形成与小区公共环境整治、适老设施改造、基础设施和建筑使用功能提升改造统筹推进的节能、低碳、宜居综合改造模式，并引导居民在更换门窗、空调、壁挂炉等部品及设备时，采购高能效产品。既有建筑改造技术与措施可借鉴近零碳建筑建设路径（详见本章4.1.2）。

4.4.3 典型案例——湖北省建研院中南办公大楼

1. 案例概况

湖北省建研院中南办公大楼（以下简称中南办公大楼）净用地面积约0.27万平方米，建筑面积约0.56万平方米。改造前存在外观差、场地利用率低且停车困难、围护结构保温性能差、设备老化、内部功能布局不合理及室内舒适性差等突出问题。项目于2020年

6月开始实施绿色建筑综合改造，于2021年3月竣工，改造后建筑室内环境质量和舒适度得到明显提升，同时实现了很好的节能减排效果（图4-11）。

(a)　　　　　　　　　　　　　(b)

图 4-11　湖北省建研院中南办公大楼改造前后对比图

（a）改造前；（b）改造后

2. 特点

中南办公大楼在改造过程中，依据项目实际情况量身定制改造方案，充分并合理利用原有建筑，避免大拆大改。全过程（设计阶段、施工阶段、运行阶段）采用 BIM 技术，实现设计阶段部分绿色建筑报表、成果计算自动化生成、施工阶段管线优化及运行阶段绿色建筑检测监测平台搭建。项目改造后总节能率高，节能效果明显，也为工作人员提供了舒适、良好的室内办公环境。

3. 主要实施做法

中南办公大楼改造项目采用包括多联机光伏空调系统、智能照明系统、基于 BIM 技术的绿色建筑检测监测平台等多项先进建筑技术，具体改造内容见图4-12。

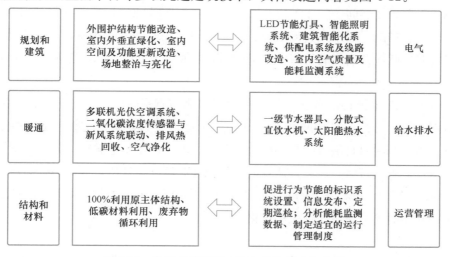

图 4-12　湖北省建研院中南办公大楼改造内容

规划与建筑： 外墙采用 45mm EPS 板内保温，屋面采用 60mmXPS 保温板；南北方向外窗更换为断热铝合金中空玻璃窗，局部幕墙及门联窗透明区域采用低辐射断热铝合金中空玻璃，东西方向外窗内侧增设活动遮阳；建筑东面外墙无遮挡区域采用垂直绿化，墙面温度可比裸露墙面温度低 2～4℃，遮阳和隔热效果明显；室内同样增设垂直绿化，起到柔化空间的作用，不仅营造出宜人、自然的绿色办公环境，同时可以消解甲醛，调节湿度，改善室内空气环境。

结构与材料： 100％利用原主体结构。例如，六楼健身房屋面采用天然实木制成的木桁架作为主构件，木材可再利用，施工便利，不用二次装修设置室内吊顶，并且木材导热系数低，具有较好的保温性能。在项目施工过程中产生的废旧钢筋（钢板）、木材、试块以及公司检测中心的废弃混凝土等废弃物，可用于修筑场地围墙、花坛及铺路等，提高了材料利用率。

暖通空调： 冷热源改为变频多联机光伏空调系统，充分利用太阳能发电，不仅可以为多联机主机提供动力，也可在多联机主机不工作或发电有盈余时通过主机换流单元向建筑照明供电。空调新风系统设有排风热回收，热回收效率达 66％以上，同时系统能净化空气中的颗粒物，PM2.5 一次过滤率达到 99.5％以上。此外，中南办公大楼还采用了低成本的空调系统节能技术，包括主要功能房空调独立控制、会议室均设有根据 CO_2 浓度自动调节新风量的 CO_2 浓度传感器等。

给水排水： 采用太阳能热水系统，同时辅助空气源热泵，热水供应比例达 80％，主要为卫生间及茶水间提供生活热水。系统采用真空横管式集热器，集热器与水箱直接循环，同时设置循环立管，可实现热水系统配水点出水时间不超过 10s。热水管为不锈钢管，设置紫外线消毒器，可提供高效卫生的热水，提高员工用水舒适度。新增的太阳能热水系统，充分利用屋面空间和武汉丰富的日照资源，可有效节能，并减少建筑运行中的碳排放。

电气： 走道、楼梯间、门厅等公共区域均更换为 LED 照明，并采用分区分组＋集中控制的节能控制措施。对于人员流动较多而非长期工作或停留的场所，设置人体感应灯，在人员经过时可感应开启，满足照度要求；同时能够实现节能自熄，在无人经过时自动关闭节能省电。

运营管理： 设置基于 BIM 技术的绿色建筑检测监测平台，平台包括能耗监测以及空气质量监测系统，可在三维 BIM 模型中动态展示运行监测数据，使绿色建筑的实际效果得以充分显现。同时对每层楼的空调用电、照明用电、插座用电进行了分项计量，便于日后分析各分项能耗运行特点、制订适宜的运行管理制度。空气质量监测系统通过在室内外设置温湿度、PM10、PM2.5、CO_2 浓度传感器，实时监测室内外空气质量，监测系统对监测数据进行定时连续测量、记录和传输。

4. 实施效果

节能减碳效果： 中南办公大楼绿色低碳改造的预期综合节能量为 48.09kWh/（㎡·a），节水量为 1623.54 t/a，碳减排量为 25.58 $kgCO_2/(m^2 \cdot a)$，节能、节水、减碳效果明显。

经济效益：中南办公大楼绿色低碳改造每年能减少成本 34.18 元/m^2，静态投资回收期为 14 年。

社会效益：中南办公大楼绿色低碳改造项目作为湖北省首个获"双三星"既有建筑改造项目，积极向公众普及既有建筑绿色改造知识，推动地方既有建筑节能改造工作，为湖北省乃至夏热冬冷地区既有公共建筑绿色改造提供了技术经验，起到了先驱示范作用，助力建筑行业碳达峰和碳中和。

5. 特色展示

中南办公大楼室内外增设垂直绿化对比图见图 4-13；走廊改造前后对比图见图 4-14；健身房生态屋架和太阳能热水系统见图 4-15；由废弃物修筑的景观小品见图 4-16；光伏空调系统见图 4-17；基于 BIM 技术的绿色建筑检测监测平台见图 4-18。

(a)　　　　　　　　　　　　　　(b)

(c)　　　　　　　　　　　　　　(d)

图 4-13　室内外增设垂直绿化对比图

（a）室外改造前；（b）室外改造后；（c）室内改造前；（d）室内改造后

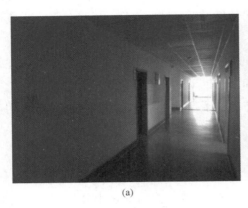

(a)

(b)

图 4-14　走廊改造前后对比图

（a）改造前；（b）改造后

图 4-15　健身房生态屋架和太阳能热水系统

图 4-16　由废弃物修筑的景观小品

图 4-17　光伏空调系统

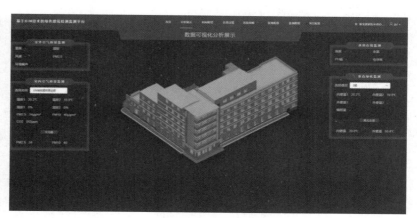

图 4-18　基于 BIM 技术的绿色建筑检测监测平台

4.5　低碳运行管理案例

我国建筑建造和运行过程中相关二氧化碳排放占全社会能源活动总碳排放量的比例约36%，其中一部分是由于大量基建盖房、建筑材料生产运输建造过程导致的碳排放；另一部分是建筑运行阶段的碳排放。未来，预计建筑建造、运行的碳排放之比将为 1∶4，控制建筑运行过程中的碳排放将成为我们工作的重中之重。

4.5.1　定义

低碳运行管理是指贯彻可持续发展理念，以低能耗、低排放、低污染为目标，通过节能改造、设备更新、管理升级等措施，提高能源资源利用效率，减少碳排放的运行管理模式。

4.5.2　建设路径

建筑低碳化运行是减少建筑运行对化石能源的消耗和电力、热力需求，因此提升建筑能效是实现建筑低碳化运行的关键。具体实现路径可以从管理和技术两方面实现。

1. 管理

（1）制定并实施耗能设备及系统运行管理制度。例如，节能管理制度、节水管理制度、系统巡检维护制度等。

（2）制定并实施装修管理制度。例如，装修废弃物资源化、装修施工节能节水计划等。

（3）制定并实施绿化管理制度。

（4）制定建筑使用者低碳行为引导章程，对建筑的使用者用能用水、垃圾减量化及垃圾分类等行为习惯进行引导，鼓励用户更换及改进老旧高能耗用电设施、设备，共同实现建筑低碳运行目标。

2. 技术

（1）围护结构：提高围护结构的保温隔热性能，采用气密性和保温隔热性能较好的外窗，采用可调节遮阳设施等。

（2）暖通空调系统：采用低能耗、高性能设备，可参考图 4-3。

（3）照明系统：采用高效节能照明灯具，并在走廊、楼梯间、门厅、大堂、大空间、地下停车场等场所采取分区分组、定时、感应等节能低碳控制措施。

（4）动力系统：采用高效节能型电梯扶梯设备，并做到扶梯感应启停，轿厢无人关灯，减少由于动力系统消耗能源所导致的碳排放量。

（5）供配电系统：更换或改造高能耗变压器，选用节能型变压器。

（6）水资源：生活给水输送系统采用变频水泵和高效节水器具。

（7）可再生能源及其他能源利用：合理利用可再生能源，包括风能、太阳能、地热能等，如利用余热废热解决建筑的蒸汽、供暖或生活热水需求。

（8）植绿碳汇：增设景观绿地，包括屋顶绿化、垂直绿化等方式，并做好抚育管理等工作。

（9）垃圾处理：提高废弃物转移利用率，实现垃圾减量化，减少垃圾处理过程中产生的碳排放量。

（10）能耗水耗管控系统：在公共建筑间配置能耗管控系统，对设备运行状态实时监控并且记录能耗水耗等运行数据，实现能耗设备自动化控制。

4.5.3 典型案例——国网客服中心南北园区

1. 案例概况

国网客服中心南北园区（以下简称南北园区）建筑面积约 27.88 万平方米，可容纳0.6 万名员工工作和生活（图 4-19）。南北园区围绕"绿色低碳"与"智慧智能"两大核心要素，集成了 40 余项绿色建筑与低碳节能科技，最大限度有效利用项目所在地太阳能、地热能、风能等可再生能源的资源禀赋，建设光伏发电、风力发电、地源热泵、太阳能热水、太阳能空调等综合能源系统，建成国内首例局域能源互联网，形成一套适宜当地生态规律、满足员工身心需求的现代化公园区运营模式。

(a)　　　　　　　　　　　　　(b)

图 4-19　国网客服中心南北园区

（a）北方园区；（b）南方园区

2. 特点

南北园区以全面实现节能减排、清洁低碳为目标，规模化高效应用风、光、地热等可再生能源，建立以电能为中心、多种能源互补协同的局域能源互联网架构模型，构建"泛在物联、对能协调、网络共享"的局域能源互联网。此外，南北园区以智慧化运营模式开展园区日常管理，开发了智慧园区综合决策管控平台，融合了智慧楼宇、能源、环境、交通及生活五大支撑体系，最终实现智慧服务型创新园区智慧化、人性化、便捷化需求。

3. 主要实施做法

（1）主要实施内容

低碳化建筑群朝向及布局设计：以低碳节能为导向，规划设计园区建筑群朝向及布局，尽可能地结合当地气候环境特点使建筑大体朝向布局与当地最优工况基本符合。

被动式冷热调节技术：优化利用太阳光照、太阳辐射、自然通风等气候参数进行被动式冷热调节，有利于室内环境舒适和人员健康，减少空调设备使用，降低碳排放。

高效的外遮阳手段：建筑立面采取全方位的遮阳手段，设置水平向遮阳百叶，采用浅色铝型材，兼做反光板，改善室内采光，各建筑屋面采用铝基银色反光涂料保护，减少热辐射。

室内环境舒适度控制：充分考虑室内热舒适健康与节能减碳的双重需求，在室内各主要功能房间均设置环境监测设备（例如：CO_2浓度探测器、温湿度传感器等）对办公环境指标进行实时监测，并与环境管理系统联动。

大面积复合绿化：场地内设大面积乔灌草复合绿化及垂直绿化，并增设景观水体，优化各季节热量得失。

大量低碳化产品应用：采用发电地砖、发电单车和光伏树、智能垃圾箱、虚拟引导、电动接驳车等绿色先进科技设备。

（2）部分技术与管理模式

局域能源互联网关键技术：全面集成风、光、储等多种分布式能源，建立以电能为中心、多种能源互补协同的局域能源互联网架构模型，形成"泛在物联、多能协调、网络共享"的局域能源互联网。基于此，国网客服中心创新研发了局域能源互联网系统的架构设计、多能源协调控制技术、评价指标体系等关键技术。

智慧园区关键技术：创建智慧园区综合决策管控平台，通过"大数据、云计算、物联网、移动互联网"等先进技术对各种现场感知信息进行分析、诊断和处理，有效融合园区内弱电、生产、信息管理、智能提升等园区业务系统，以实现对各子系统的全面集成、信息共享和智能联动，服务园区安防体系、园区一卡通系统、园区环境建设、园区运营管理、智能会议管理、园区专用 APP 等场景。创建基于智慧园区运营全生命周期的决策评估体系，构建能源环境、信息化支撑、园区管理、园区生活等评价指标的数据模型库、评价指标库，从而获得决策和评价结果。

管理模式：以智慧化运营的模式开展园区日常管理，依托智慧园区综合决策管控平台，采用云计算、大数据和智能化关键技术，围绕电能替代、园区绿化、新能源容量、园区能源利用效率、园区管理等多方面综合评价园区碳排放水平及碳中和缺口，构建智慧服务型创新园区标准化体系。

4. 实施效果

节能降碳效果：南北园区年平均电能替代量 1297.67 万千瓦时，可再生能源占比平均值 32.75%，能源自给率运行值最高达 56.38%，年节约标煤 0.52 万吨，减排二氧化碳 1.29 万吨。

经济效益：局域能源互联网项目总投资 18701.7 万元，比常规能源供给系统增加 6037.7 万元。与常规能源系统相比，局域能源互联网每年节约运行费用约 1172.4 万元，投资回收期 5.15 年，经济效果显著。

社会效益：南北园区承载了全球先进能源技术和服务创新交流平台的重要功能，助力了国家能源局发布《关于推进"互联网＋"智慧能源发展的指导意见》，为国家能源局一批示范工程的规划、建设与运行提供宝贵的实践经验。

5. 特色展示

国网客服中心南北园区特色如图 4-20 所示。

(a)　　　　　　(b)　　　　　　(c)　　　　　　(d)

图 4-20　国网客服中心南北园区特色展示

(a) 建筑群朝向及布局设计；(b) 透光屋顶；(c) 水平向遮阳百叶；(d) 大面积复合绿化

本 章 小 结

　　本章以案例方式展示近零碳建筑、零碳园区、零碳社区、绿色低碳改造、低碳运行管理的实现方式和效果。要求学生了解我国建筑行业碳达峰和碳中和采用的先进技术，具备为改善人民生活环境而奋斗的责任意识。

本 章 习 题

一、单项选择题

　　1. 近零碳建筑是指建筑物通过适应气候特征和场地条件，通过（　　）建筑设计最大幅度降低建筑对能源的需求，运行过程中全电化，不使用燃气，建筑排放的碳量处于较低水平。

　　A. 主动式　　　　　　B. 被动式　　　　　C. 绿色式　　　　　D. 低碳式

　　2. 零碳社区是指在社区内发展（　　）建筑，创新低碳技术，倡导绿色生活，构建高效、节能、循环利用的体系，通过碳减排和碳中和措施，在社区的建造、改造、运营的各个阶段实现区域内二氧化碳净排放量小于或者等于零的社区。

　　A. 智慧　　　　　　　B. 特色　　　　　　C. 纯木　　　　　　D. 绿色

　　3. 在城镇老旧小区改造中，加强（　　）改造，形成与小区公共环境整治、适老设施改造、基础设施和建筑使用功能提升改造统筹推进的节能、低碳、宜居综合改造模式。

　　A. 建筑节能　　　　　B. 绿化　　　　　　C. 陈旧设备　　　　D. 宣传标语

　　4. 我国建筑建造和运行过程中相关二氧化碳排放占全社会能源活动总碳排放量的比例约为（　　）。

　　A. 16%　　　　　　　B. 36%　　　　　　C. 66%　　　　　　D. 86%

二、填空题

　　1. 零碳智慧园区是指在园区规划、____、管理、运营全方位系统性融入碳中和理念，实现园区内部碳排放与吸收自我平衡，生产、生态、生活深度融合的新型产业园区。

　　2. 零碳园区建设路径可按既有园区和____进行规划与建设。

　　3. 在零碳社区规划设计时，将为____提供舒适、便捷、美观的生活作为出发点。

　　4. 绿色低碳改造的目的是降低建筑能源消费总量和____排放强度。

　　5. 低碳运行管理是指贯彻____发展理念，以低能耗、低排放、低污染为目标，通过节能改造、设备更新、管理升级等措施，提高能源资源利用效率，减少碳排放的运行管理模式。

三、判断题

　　1. 近零碳建筑以建筑群近零碳排放目标为基础，采用低耗能策略实现最小化的能源消耗、采用高产能策略实现最大化的能源获取，进而扩展到更大范围的平衡，从而实现耗能与产能平衡的"零"能耗目标。　　　　　　　　　　　　　　　　　　（　　　）

2. 被动式建筑设计是节能研究持续关注的重点，也是优化建筑性能的重要方法和节约能源的首选途径。　　　　　　　　　　　　　　　　　　　　　　　　（　　　）

3. 在零碳社区构建中，应做好社区内碳排放实时监测并制定相应碳减排措施，不用考虑社区与外部的能源、碳排放流动和管理。　　　　　　　　　　　　　（　　　）

4. 为降低建筑能源消费总量和碳排放强度，提高能源使用效率，对所有既有建筑全部拆除，并按照《零碳建筑认定和评价指南》要求重新建设近零碳建筑。（　　　）

5. 低碳运行管理是以低能耗、低排放、低污染为目标，通过节能改造、设备更新、管理升级等措施，提高能源资源利用效率，减少碳排放的运行管理模式。（　　　）

四、简答题

1. 简述用于建筑行业的可再生能源种类？

2. 你的家乡有哪些零碳社区案例？选择 1 个案例简述其特点和主要实施做法。

5　未来智慧建筑

教　学　目　标

知识目标

1. 了解并掌握区别智能建筑和智慧建筑；
2. 熟悉 AI＋智慧建筑的特点和应用场景以及新型建筑空间的定义；
3. 学习智慧建筑的基本特征以及"双碳"背景下的智慧建筑案例。

能力目标

1. 了解智慧建筑的定义以及 AI＋智慧建筑的特点和应用场景；
2. 掌握"双碳"政策下助力绿色家园建设的基本要素；
3. 掌握数字化智慧建筑、低碳建筑和楼宇自控建筑的特点。

思政目标

1. 在学习期间，坚持全方位协同育人，并全面加强党的领导；
2. 形成"一体化"全阶段德育内容。

5.1　破旧立新，创造智慧建筑

5.1.1　"双碳"背景下传统建筑的困境

目前，我国建筑业的发展现状仍属于粗放式劳动密集型产业，企业规模化程度低，建设项目组织实施方式和生产方式都相对落后，技术创新能力和信息化水平较低。从政策导向着手，我国现代建筑业可持续发展方向在绿色建筑、装配式建筑、节能建筑、信息化建筑及结合以上几个方面而形成的智慧建筑。

国内传统建筑的困境主要有以下两个方面：①粗放式增长和高质量发展的矛盾，传统建筑生产效率低、资源浪费和能源污染大，随着人们消费水平的提高，对建筑的需求不仅限于正常居住，还要求更高质量的居住环境。②高污染和绿色发展理念的冲突，建筑业作为全球最大的能源和原材料消耗产业，根据世界绿色建筑委员会（The World Green Building Council）的数据，建筑和施工过程中产生的碳排放占全球碳排放总量的 39％，其中用于供暖和照明的运营排放占 28％。另外建筑噪声也对居民生活产生了很大影响，因此，传统建筑业需要通过结合现代的信息技术提高资源利用率，向绿色环保可持续方向发展（图 5-1）。

图 5-1　国内某建筑玻璃幕墙图

以国内某建筑为例，该建筑夏天的阳光照射强时吸收能量达到 1000W，3m² 的采光面积就需要用功率 1HP（1HP≈735.5W）的空调来抵消，再加上其室内的温度调节（以普通建筑 20m² 用功率 1HP 空调降温为基准），其能耗是普通建筑能耗的数倍。可见，传统建筑在节能方面的升级改造势在必行。

据统计，建筑业是全球最大的能源和原材料消耗行业，而高能耗必定产生高碳排放，且中国作为世界第一建筑业大国，消耗了全球近 40% 的水泥和钢材，虽然国内对绿色建筑和环保的理念逐渐加深，但建筑业的数字化、绿色化和信息化的程度仍然较低。随着人口红利逐渐消失，建筑行业面临用工成本的大幅提升，采用信息化提升效率的需求会越来越强。根据国际某知名研究所的行业数字化指数，建筑业被评为世界上数字化程度第二低的行业（图 5-2）。部分发达国家和地区建筑行业信息化渗透率（建筑施工企业信息化投入仅占总产值）为 1.5%，而我国约为 0.1%。

5.1.2　从智能建筑到智慧建筑

1. 智能建筑的定义

国际定义为通过将建筑物的结构、系统、服务和管理四项基本要求及其内在关系进行优化，来提供一种投资合理，具备高效、舒适和便利环境的建筑物。

国家标准《智能建筑设计标准》GB 50314—2015 中对智能建筑的定义是：以建筑物为平台，基于对各类智能化信息的综合应用，集架构、系统、应用、管理以及优化组合为一体，具有感知、传输、记忆、推理、判断和决策的综合智慧能力，形成以人、建筑和环境互相协调的整合体，为人们提供安全、高效和便利以及可持续发展功能环境的建筑。

BREAAM（1990）和 LEED（2000）计划给出的智能建筑的定义侧重于能源效率和可持续性，智能和绿色为其核心特征。同样，欧盟对智能建筑的定义强调了能源效率，把

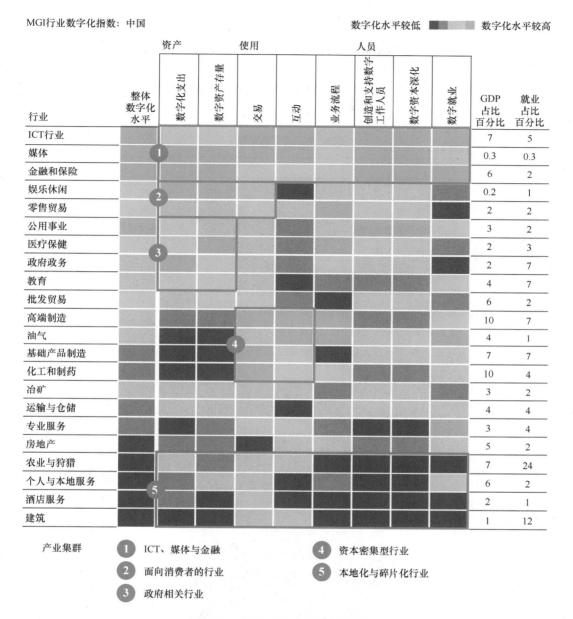

图 5-2　中国各行业数字化程度排名

焦点放在居住者需求上，通过低设备周期成本实现高效的资源管理，提高了居住者的使用效率。

2. 智能建筑的理论基础

智能建筑的理论基础是智能控制理论（Intelligent Controls），即在无人干预的情况下自主驱动智能机器实现控制目标的自动控制技术。智能控制以控制理论、计算机科学、人工智能、运筹学等学科为基础，其中应用较多的是基于数学模型的自适应控制理论，常用于建筑环境的智慧化管控。但是对于复杂的建筑结构，自适应系统较难直接建立模型，需要分设备分子系统去建立局部系统的模型，再进行系统连接和统一协调控制。

3. 智能建筑的特征

智能建筑具有工程投资合理、设备高度自动化、信息管理科学、服务高效优质、使用灵活方便和环境安全舒适等特点，现代智能和智慧建筑都倾向于舒适、节能和安全的设计，提供更好的居住体验。智能建筑的显著特征见表 5-1。

智能建筑的显著特征   表 5-1

特征	内容
舒适性	使在智能建筑中生活和工作的人在心理和生理上都舒适
高效性	能够提高办公业务、通信、决策方面的工作效率，节省人力、物力、时间、资源、能耗和费用，提高建筑物所属设备系统使用管理方面的效率
方便性	除了办公设备使用方便外，还具有高效的信息服务功能
适应性	对办公组织结构的改变、办公方法和程序的变更以及办公设备更新变化等，具有较强的适应性；对服务设施的变更稳妥迅速，当办公设备、网络功能发生变化和更新时，不妨碍原有系统的使用
安全性	除了要保证生命、财产、建筑物安全外，还要防止信息网中发生信息的泄漏和被干扰，特别是防止信息、数据被破坏、删除和篡改以及系统的非法或不正确使用
可靠性	具有发现故障早，排除故障快，故障影响小、波及面窄的特点

4. 智能建筑到智慧建筑的演进

智慧建筑的概念最早起源于 1984 年美国的都市大厦改建。这是由美国联合科技集团 (UTBS，United Technologies Building System) 在哈特福德市建成了世界第一幢智慧建筑 (图 5-3)。都市大厦的建成完成了传统建筑与新兴信息技术结合的初次尝试，从此，智慧建筑在美国、日本、欧洲以及世界其他地区蓬勃发展，1990 年建成的北京发展大厦是我国智能建筑的雏形 (图 5-4)。

图 5-3　美国哈特福德市的都市大厦 (City Place Building)

图 5-4　北京发展大厦

　　不同于智能建筑，智慧建筑更注重人的多样化需求，其强调人、环境和建筑三者之间的关系，是一个具备感知的"生命体"。相比智能建筑，智慧建筑更考虑人的因素，即建筑管理者和使用者，是更加先进、更加科学的综合性建筑系统。智慧建筑以互联网技术为载体，集架构、系统、应用、管理及其优化组合为一体，同时具备感知、传输、记忆、推理、判断和决策等综合智慧能力，最终为用户提供一个高效、舒适、便利的人性化建筑环境（图 5-5）。

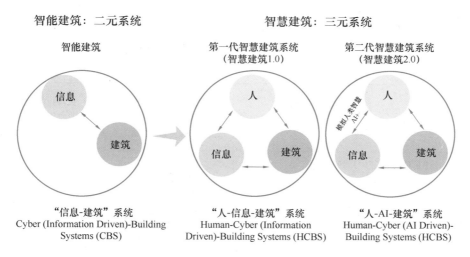

图 5-5　智能建筑和智慧建筑的对比图

（数据来源：2018《AI＋智慧建筑》研究报告）

　　可以说智慧是在智能的基础上赋予机器思考和执行能力，通过对外部世界的自感知和自适应来调整自身工作状态，使整个建筑系统保持最优的运营状态。因此，如何增强数据维度和统一数据标准是实现智慧建筑的关键。对比传统的智能建筑，智慧建筑在时间、空间、计算方式、经济模式和要素边界上都有了新的延伸（图5-6）。

图 5-6　智慧建筑各维度图谱

（1）从时间维度看

智慧建筑参照 BIM 软件全过程，包括概念设计、细节分析、出图、预制、4D/5D 施工、运维、翻新等阶段。BIM（Building Information Modeling）技术主要通过输入建筑项目数据信息生成虚拟建筑模型，通过三维模型的建立，优化各方面信息并提高系统运行有效性。我国从 2013 年开始制定 BIM 标准，到 2018 年间已发布三项国家标准。自 2018 年后 BIM 技术进一步在全国各地普及，并大力推进其与装配式建筑、绿色建筑、智慧建筑和智慧城市的融合，从而制定更多细分领域的标准（表5-2）。

国内 BIM 政策概览　　　　　　　　　　　　　　　　　　　　　　表 5-2

发布时间	政策	单位	主要内容
2011	《2011—2015 年建筑业信息化发展纲要》	住房和城乡建设部	通过统筹规划、政策导向，进一步加强建筑企业信息化建设，不断提高信息技术应用水平，促进建筑业技术进步和管理水平提升
2015	《关于推进建筑信息模型应用的指导意见》	住房和城乡建设部	在建筑领域普及和深化 BIM 应用，提高工程项目全生命期各参与方的工作质量和效率，保障工程建设优质、安全、环保、节能
2016	《2016—2020 年建筑业信息化发展纲要》	住房和城乡建设部	增强建筑业信息化发展能力，优化建筑业信息化发展环境，加快推动信息技术和建筑业发展深度融合，创新商业模式，实现跨越式发展
2016	《建筑信息模型应用统一标准》	住房和城乡建设部	从标准层面推动 BIM 技术发展应用
2017	《国务院办公厅关于促进建筑业持续健康发展的意见》	国务院办公厅	加快推动建筑信息模型 BIM 技术在规划、勘察、设计、施工和运营维护全过程的集成应用，实现工程建设项目全生命周期数据共享和信息化管理
2017	《建筑信息模型施工应用标准》	住房和城乡建设部	对施工阶段建筑信息模型的创建、使用和管理做出规定，另指出 BIM 软件应具备的基本功能
2019	《发展改革委 住房城乡建设部关于推进全过程工程咨询服务发展的指导意见》	国家发展和改革委员会 住房和城乡建设部	大力开发和利用 BIM、大数据、物联网等现代信息技术和资源，提高信息化管理和应用水平，为开展全过程工程咨询服务提供保障

续表

发布时间	政策	单位	主要内容
2020	《住房和城乡建设部工程质量安全监管司2020年工作要点》	住房和城乡建设部	试点推进 BIM 审图模式，提高信息化监管能力和审查效率；推动 BIM 技术在工程建设全过程中的集成应用，开展建筑业信息化发展纲要和建筑机器人发展研究工作，提升建筑业信息化水平

资料来源：中信证券研究部。

（2）从空间维度看

智慧建筑融合了卫星定位，地面交通、城市、地理信息系统，完成了空天地一体化网络（图5-7）。

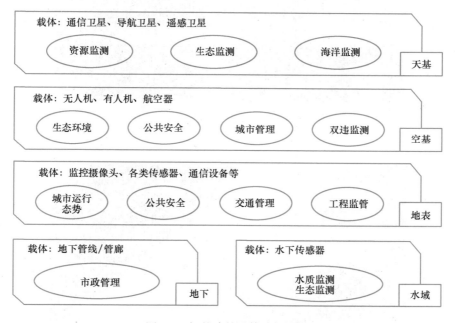

图 5-7　智慧建筑立体感知维度

智慧建筑通过利用立体感知技术汇集多种感知手段，为天、空、地表、地下、水域等不同智慧城市维度的数据需求提供服务。例如，通过卫星遥感影像监测不同建筑外部的自然环境的修复程度，无人机监测违章建筑的变化，传感器与城市地下管廊、路灯基础设施融合，对其运行状态进行管理，实现设施的"被感知"，满足各场景下的控制需求。这也是构建智慧城市重要的一环，详细可参考本教材5.1.4节。

（3）从计算方式看

智能建筑更依赖于分布式智能控制理论，而智慧建筑更多依赖以认知计算为代表的人工智能计算理论（Artificial Intelligence）。

比较常见的是分布式照明系统，常用于智慧建筑里。分布式照明系统将普通照明人为的开与关转为智能管控，可以减少至少 45％的光污染以及碳排放。2008 年上海市博览会大面积运用了这种技术，通过一块 3.5 英寸的智能触摸屏，就可以在不同情景下对灯光的颜色、色温，明暗程度进行动态调节。同时，该系统还将室内的窗帘、空调、户外百叶等进行了联动，既达到节能减排的效果，又具有一定审美价值（图 5-8、图 5-9）。

图 5-8　上海世博会中国馆

图 5-9　上海世博文化中心外墙

（4）从经济角度看

智慧建筑融入了共享经济、区块链和平台经济等。智慧建筑本身提倡建筑空间的合理利用、共用资源，不少智慧建筑已经开始引入共享模式。共享办公其实是将从事不同职业的人放在共同的办公场所中，这种模式不仅节约成本，也能更有效利用废弃的建筑空间，从而达到碳减排的作用（图 5-10、图 5-11）。

图 5-10　全球第一家共享办公
Spiral Muse-2005 年旧金山

图 5-11　全球最大共享办公
WeWork-2019 年上海大连路

（5）从要素边界看

智慧建筑更考虑以人为本。当代建筑的第一要务是回归生活、立足现实，人文主义将成为建筑活动的新主题和方向。如何将绿色环保的理念植入建筑活动中，减少建筑运维产生的碳足迹也是未来智慧建筑发展的方向之一。

西方国家更早提出以人为本的建筑理念，例如位于法国博比尼（Bobigny）的生态学校运用了自然空间，在屋顶上种满了植物，既美化环境又调节了室温。美国纽约的417－423运河街道的四旬期空间（Lent Space）也充分利用建筑的多样性打造户外文化空间，利用可移动的苗圃随意摆成各种形状，无论是放电影还是举行展览，都可以根据电脑程序随意移动围栏搭建各种形状的空间。

5.1.3 AI技术赋能"双碳"行动

随着"双碳"政策的落地，AI（人工智能）和IoT（物联网）成为低碳智慧建筑技术的主流方向，可以通过对建筑数据全维度的智慧化融合，搭建多样化的减碳建筑应用服务。

传统建筑是基于"建筑-信息"二元空间的系统，而智慧建筑则基于"建筑-信息-人"三元空间系统。无论是智慧建筑还是智能建筑，都离不开人工智能的应用，新经济时代以数字化生产力为核心动力，人机合一将使建筑学的边界模糊化，建筑功能融入人类多种生活形式的泛建筑学时代已经到来。

除了人工智能以外，还包括对AI形成支撑的新一代信息技术，大数据、物联网、区块链等业态。"AI＋智慧建筑"则是以人工智能理论和技术为核心驱动的智慧建筑产业新形态，简单理解则是利用大数据、物联网和智能计算聚焦建筑应用场景（图5-12、图5-13）。

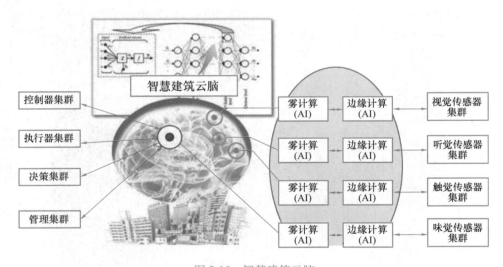

图 5-12　智慧建筑云脑

（资料来源：《AI＋智慧建筑》研究报告）

智慧建筑里的平台服务层是技术中的关键节点，可以看作是建筑的"智慧大脑"。其通过对各类模型从接入层传来的有关空气、能耗、温度等数据进行处理，通过规则引擎、动态模型分析和机器学习，沉淀出规则和知识，从而进行决策。

传统的智能建筑虽然能对照明、暖通等系统进行远程管理，但仍需要大量物业人员进行设备故障核查，处理无效设备损耗等问题，难以达到节能减碳的效果。通过物联网传感

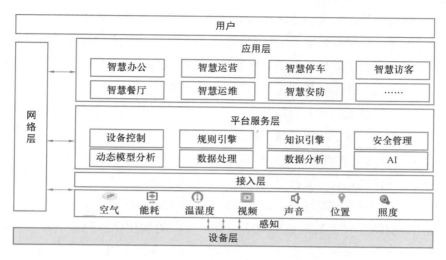

图 5-13　智慧建筑技术构架参考

（资料来源：中国科技信息）

器和智能终端采集建筑物内的温湿度、热源分布和能耗分布，通过数据模型准确分析不同空间内的负荷需求，远程进行能源动态监测和评估，并为完成节能目标预测提供有效的能源优化策略。例如，上海兰生大厦（图 5-14），利用 AI 能效技术实时采集了其中央空调风系统、水系统的数据，实现能源精细化管理，利用大数据技术手段深度分析预测未来能耗，减少了三分之一的运维人员数量和公共区域能耗费用。

图 5-14　上海兰生大厦

智慧建筑的能源管理可以实现对建筑能耗按照分能耗类型、分区、分设备类型计量数据进行细致实时监控管理，包括建筑耗电量、化石燃料消耗量、集中供热或供冷耗量、可再生能源利用量等。同时系统提供多种大数据分析算法，建立多种能耗评估标准，如建筑能耗评分等级标准和设备运行状态评分标准等，提供日分析、周分析、月分析及任意时段内的数据分析，根据实际的能耗和标准间的比较得出准确的评估结论。

随着智慧建筑的落地，有关智慧交通、智慧社区、智慧城管等组成的智慧城市也随之形成。而在"双碳"背景下，智慧城市的形成是必然。

5.1.4 "双碳"背景下如何重塑建筑空间价值

传统的城市建设里，人口、社会、经济、环境和土地是主要的资源要素，早期城市建设中工业和经济的发展是首要任务，因此土地大面积以功能区划分，建筑同样以功能划分为商用或民用，但随着城市的工商用效率提高，人们的居住体验严重下降。在新经济时代，信息技术开始作为城市基础设施和资源的主要连接要素，以人为本的城市建设开始成型，缓冲不断失衡的城市供需，开始以粗放式功能划分土地，工商业和住宅协同发展，提高城市资源利用效率，并利用互联网、物联网、人工智能和区块链等新型技术实现智慧城市的建设和发展。

在"双碳"政策下，传统的以工业化和商业化为中心的城市发展逻辑不再适用，粗放式的土地划分产生的严重环境污染、交通堵塞和低效率的空间利用不符合低碳和可持续发展的理念。而随着观念转变，更多的需求转变为小尺度、立体性、融合性的发展思路，让工商业和住宅配套在同一区域协同发展。充分考虑人居在生态环境、效率、安全、便捷等要素的平衡发展。

5.1.5 "双碳"助力绿色家园建设

智慧建筑里的碳排放智慧监测和管理是助力绿色家园建设的重要因素。城市生态园林、绿地建设已成为绿色城市建设的必备条件，但城市建设在经历工业化和商业化快速发展后，生态园林与绿地的选址则需要在商业用地、工业用地、住宅用地、农业用地等已占用地的不规则夹缝区域中寻求建设空间，还需整体考虑行政管理、水资源利用、交通影响、环境治理等多维条件。

例如，成都环城生态公园位于中心城区绕城高速两侧各 500m 范围及周边 7 大楔形地块，涉及生态用地 $133.11km^2$，包含 500km 绿道和 $100km^2$ 生态农业区等。

能源大数据、智慧云平台、智能控制技术等新技术的发展，为能源运行管理和碳排放监测提供技术支撑。例如，2022 年北京冬奥会重点场馆及园区内建筑使用碳排放的数字化管理，对异常智能诊断和超标风险把控，对各类用能设备运行进行实时监测，并根据人员流动和赛事安排，进行高效的用能需求响应和设备智能控制（图 5-15、图 5-16）。

以往大型的运动赛事都会产生极高的耗能，但此次通过建设柔性直流电网工程，在奥运史上首次实现全部场馆绿色电网全覆盖，从源头降低了碳排放量。

图 5-15　2022 北京冬奥会国家速滑馆

图 5-16　冰上运动中心屋顶光伏发电板

5.2　"双碳"背景下的智慧建筑

5.2.1　低碳数字化智慧建筑案例

整个智慧建筑的低碳发展路径探索首先依托人工智能技术进行低碳设计和测量，然后利用装配式建筑工程技术进行建筑物整体的建造，基于 BIM 技术进行工程协同，能效互补，最后通过数字技术进行节能低碳运行监管和多维度赋能。目前国内外为加速推动能源转型，以太阳能光电为代表的可再生能源发电趋势持续走高，光伏技术成为绿色建筑的必备选项。"建筑＋可再生清洁能源"结合，实现自给自足，盈余的能量甚至可以向外输配，以推动能源转型并实现低碳或零碳建筑。

1. 挪威负碳建筑 Powerhouse Telemark

该建筑最大的优势是朝南立面的大光伏顶棚（图 5-17），每年将产生 256000kW 的能源，

图 5-17 Powerhouse Telemark 建筑正面

其倾斜的屋顶呈 24°角，其朝东的立面上具有独特的 45°凹口，最大程度利用光伏顶棚收集的太阳能量。另外水泥板的外墙为建筑提供类似于石砌结构的密度，在白天储存热能，在夜间缓慢地释放热量。建筑的西立面、西北立面和东北立面以木板条包覆，为光照最强的立面提供自然的遮阳系统（图 5-18）。除此之外，每个楼层的边界区域都安装带有水环路的低排放系统，能够通过位于地下 350m 处的地热井确保高效制冷和制热（图 5-19）。

图 5-18 立面木条板遮阳系统

图 5-19　光伏顶棚

　　整座建筑同样采用了高恢复力和低能耗的耐用材料。例如，未经处理的木材、石膏和环保混凝土等。从厨房到地砖再到活动家具，建筑内的一切均是由坚固耐用的高品质材料制成。地面砖由 70% 的回收渔网制成，木地板则采用了由回收木屑制成的工业木料。

　　2. R-CELLS 被动式太阳能智慧建筑

　　由天津大学建筑学院打造的 R-CELLS 被动式太阳能智慧建筑，创造了能够智慧化响应环境变化，能源自给自足，可复制、可扩展的模块化建筑原型（图 5-20）。以太阳能为主要电能来源，增加屋面光伏面积，为主动式太阳能的利用提供足够的空间。其次通过全数字化智能解决方案将太阳能、暖通、新风、空调系统互联互通，通过性能模拟优化和参数化打造"零能耗、恒温、恒湿"的住宅居住环境，来适应不同环境和气候条件（图 5-21）。通过与云平台对接，用户可以从 PC 端或手机端随时查看并掌控运营数据，并

图 5-20　R-CELLS 被动式太阳能智慧建筑鸟瞰效果图

图 5-21　特斯联光伏车棚

实现设备主动性、预测性维护，能耗分析及优化，现场故障报警处理等。

武汉的特斯联智慧产业园区，采用分布式光伏发电系统，太阳能光伏发电系统及相应的配套并网设施，利用停车场规划车位空间，车棚顶部设置光伏组件，充电站设计多台直流充电桩配置储能电池，满足站内充电桩、照明或展示设备电力供应。其绿电与市电的柔性结合，成为低碳建筑的标杆项目。

3. 芝加哥数字化智慧建筑 800 West Fulton Market

芝加哥的 800 West Fulton Market 以智能建筑系统为特色，利用容量监测技术和宽敞充足的户外空间来提升建筑使用者的安全和健康。其采用"楼宇物联网"（Building IoT）为物业团队提供基于云服务的机器学习技术，该技术可监控建筑内空间并实现整个建筑物内循环新鲜空气。该大楼还设供租户使用的电子充电站和滑板车，集中租户移动应用程序进行门禁控制。设计团队将其围护结构和结构的含碳量减少了 65％，致力于实现设定的减排目标（图 5-22）。

图 5-22　芝加哥 800West Fulton Market 正面图

该建筑其外部的 X 型钢框架非常醒目，延续 SOM 创造具有结构表现力的建筑的历史。这些框架专为抵御芝加哥严冬和强风而设计，可在较冷的天气收缩并在较暖的温度下膨胀。这种独特的结构系统连同悬挂在建筑物北侧的由玻璃制成的偏置核心筒，可实现大型开放式、光线充足的工作空间。

5.2.2 低碳暖通空调系统建筑案例

建筑里的供冷和采暖会产生大量碳足迹，其能耗约占一次能源使用和碳排放的 25％。预计到 2030 年，这一数字将达到 35％。其中，由商业和工业暖通空调系统产生的碳排放量高达 40％。过去亚洲普遍的电力成本相对较低，且缺乏相应的排放法规。由于租户对于能源和环境管理的需求日益增多，在国际建筑业主和管理者协会中国分会（BOMA 中国）的调查中，68％的企业认为能源和环境管理"非常重要"，但仍然缺乏相应措施的实施。此外，投资者也要求企业和物业实现低碳运营。

主要导致暖通空调（HVAC）系统能效低下的原因一是技术壁垒，二是人为因素。技术壁垒可以通过将人工智能、物联网、其他技术与专业知识和经验相结合，提供智能高效和快速响应的环境控制解决。同样，如何通过这些智能控制帮助减少因为疏忽等人为因素导致的低能效，也同样是未来需要解决的问题。

位于荷兰的阿姆斯特丹的世贸中心塔（WTO）于 2017 年进行了翻修，新的 HVAC系统建立由楼宇管理系统（BMS）控制，并提供供暖和制冷的解决方案，使用 430 个气候面板在冬季供暖，在夏季提供舒适的制冷（图 5-23）。同时运用数字执行器通过 BMS 对 HVAC 相关数据的实时采集，为优化系统提供更有效的预测性维护。德国的低碳建筑EDGE 同样运用了楼宇管理系统（BMS）和 1100 块天花板，通过 4 管道转换系统提供供暖和制冷（图 5-24、图 5-25）。

图 5-23　阿姆斯特丹的世贸中心塔（WTO）

图 5-24 德国 EDGE 建筑屋顶穹顶

图 5-25 德国 EDGE West 建筑俯视图

EDGE West 建筑最重要的成就之一是获得 BREEAM 绿色标准认证，使用匹配的执行器优化了加热和冷却顺序，并为 BMS 提供进出每个单独气候面板的额外供应和返回温度数据，可以准确计算出每个气候天花板的实际能耗。

5.2.3 结语

智慧建筑是智能建筑、人、软硬件设备互联开放、相互协同形成的，三者缺一不可。从建筑角度来看，缺乏大量的物联网设备设施铺垫而成的楼宇是无法连接在一起的，自然无法适应现代的智能化世界。数字技术赋能建筑全生命周期是实现建筑节能减排的重要途径，目前我国楼宇存量市场庞大，建筑数字化水平仍较低，还有很大发展空间。

本 章 小 结

本章讲述了 AI＋智慧建筑的特点和应用场景以及新型建筑空间，展示了"双碳"背景下的智慧建筑案例。要求学生熟悉"双碳"政策下助力绿色家园建设的基本要素，成长为能够担当民族复兴大任的时代新人。

本 章 习 题

一、单项选择题

1. 全球第一座智能建筑位于(　　　)。

A. 美国　　　　　　　B. 法国　　　　　　　C. 德国　　　　　　　D. 英国

2. 智慧建筑和智能建筑最重要的区别是(　　　)。

A. 以人为本　　　　B. 人工智能　　　　C. 物联网　　　　D. BIM 技术

二、简答题

1. 智能建筑和智慧建筑的区别是什么？

2. 智慧建筑有哪些基本特征？

3. 简单阐述 AI＋智慧建筑的应用场景。

4. 有哪些典型的低碳数字化建筑案例（至少说出 2 个)？

参 考 文 献

[1] 北京市质量技术监督局. 建筑低碳运行管理通则：DB11/T 1534—2018[S]. 2018.

[2] 住房和城乡建设部. 公共建筑节能设计标准：GB 50189—2015[S]. 北京：中国建筑工业出版社，2015.

[3] 住房和城乡建设部. 建筑碳排放计算标准：GB/T 51366—2019[S]. 北京：中国建筑工业出版社，2019.

[4] 清华大学建筑节能研究中心. 中国建筑节能年度发展研究报告[M]. 北京：中国建筑工业出版社，2022.

[5] 宋海良. "碳达峰、碳中和"百问百答[M]. 北京：中国电力出版社，2022.

[6] 安永碳中和课题组. 一本书读懂碳中和[M]. 北京：机械工业出版社，2021.

[7] 杨越，陈玲，薛澜. 迈向碳达峰、碳中和：目标、路径与行动[M]. 上海：上海人民出版社，2021.

[8] 住房和城乡建设部. 建筑节能与可再生能源利用通用规范：GB 55015—2021[S]. 北京：中国建筑工业出版社，2019.

[9] 中国建筑业协会绿色建造与智能建筑分会. 绿色建造发展报告——绿色建造引领城乡建设转型升级[M]. 北京：中国建筑工业出版社，2022.

[10] 天津市环境科学学会. 零碳建筑认定和评价指南：T/CASE 00—2021[S]. 2021.

[11] 全国信标委智慧城市标准工作组. 零碳智慧园区白皮书（2022 版）[R]. 2022-01-24.

[12] 零碳社区建设与评价指南：T/GDDTJS 06—2022[S]. 广东省低碳产业技术协会，2022.

[13] 杜明芳. 智能建筑系统集成[M]. 北京：中国建筑工业出版社，2021.

[14] 张燕龙. 碳达峰与碳中和实施指南[M]. 北京：化学工业出版社，2022.

[15] 龙惟定，梁浩. 我国城市建筑碳达峰与碳中和路径探讨[J]. 暖通空调，2021.

[16] 江亿，胡姗. 中国建筑部门实现碳中和的路径[J]. 暖通空调，2021，51(5)：13.

[17] 黄海霞，程帆，苏义脑，等. 碳达峰目标下我国节能潜力分析及对策[J]. 中国工程科学，2021，023(006)：81-91.

[18] 刘晓华，张涛，等. 光储直柔建筑新型能源系统发展现状与研究展望[J]. 暖通空调，2022，52(8)：1-9.

[19] 李晓辉. 中国城镇化对建筑碳排放的影响效应研究[D]. 重庆大学，2019.

[20] 李惠民，童晶晶. 中国建筑部门碳排放的区域差异及其碳中和路径选择[J]. 环境保护，2021，49(Z2)：23-29.

[21] 杨碧玉，陈仲伟，张晓刚. 双碳目标下建筑行业"碳中和"的实现路径[J]. 中国经贸导刊，2022(06)：56-57.

[22] 刘文占，田自得，郇婷婷. 双碳目标背景下我国绿色建筑高质量发展分析[J]. 中国住宅设施，

2022(10)：115-117.

[23] 陈平，孙澄. 近零能耗建筑概念演进、总体策略与技术框架[J]. 科技导报，2021，39(13)：108-116.

[24] 住房和城乡建设部科技与产业化发展中心. 城乡建设领域碳达峰碳中和先进典型案例(第一批)[R/OL]. http://www. cstid. org. cn/hxyw/003010/003010002/003010002002/20220330/ 5848fb64-7540-4be6-afdf-d8eb4b87458e. html. 2022-03-30.

[25] 住房和城乡建设部科技与产业化发展中心. 城乡建设领域碳达峰碳中和先进典型案例(第二批)[R/OL]. http://www. cstid. org. cn/hxyw/003010/003010002/003010002002/20220610/9bfb6a40- f030-49f3-92a8-5067c10260ed. html. 2022-06-10.

[26] 郑新钰. 如何走好数智建筑节能减排路[N]. 中国城市报，2023-03-06(008).

[27] 陈立征，孙景文，彭伟. 智慧建筑低碳运行应用案例分析[J]. 电力需求侧管理，2023，25(1)：80-85.

[28] 王泽昆，张亮等. "双碳"目标下的智慧建筑[J]. 中国科技信息，2022，No. 672(07)：51-52.

[29] Shi L，Chew M Y L. A review on sustainable design of renewable energy systems[J]. Renewable and Sustainable Energy Reviews，2012，16(1)：192-207.

[30] Lam J C，Chan R Y C，Tsang C L，et al. Electricity use characteristics of purpose-built office buildings in subtropical climates[J]. Energy Conversion and Management，2004，45(6)：829-844.

[31] Energy Foundation. China 2050 high renewable energy penetration scenario and roadmap study[M]. Beijing：Energy Research Institute of National Development and Re-form Commission，2015，4：7-8.